CHANTS SACRÉS

CHANTS SACRÉS

A L'USAGE

DES PIEUSES RÉUNIONS

ET DES CONGRÉGATIONS DE LA Ste VIERGE

divisés en trois parties

1º Cantiques en l'honneur de Marie;

2º Cantiques divers;

3º Chants liturgiques.

QUATRIÈME ÉDITION

LIBRAIRIE DE L. LEFORT

IMPRIMEUR ÉDITEUR

LILLE ✦ PARIS

rue Charles de Muyssart ⚊ rue des Saints-Pères, 30

M D CCC LXV

1865

PREMIÈRE PARTIE

CHANTS A MARIE

Acte de foi à l'Immaculée Conception.

CHOEUR.

Oui, je le crois, elle est immaculée,
La Vierge d'Israël, Mère du Roi des rois.
Le Ciel a prononcé, notre attente est comblée :
Oui, je le crois.

O jour trois fois heureux! appelé par la terre,
Tu ne brillais encor qu'au sein de l'avenir.
Aujourd'hui sur nos fronts rayonne ta lumière ;
Combien nous devons te bénir !

En te donnant déjà ce beau titre, ô Marie !
De notre seul amour, nous écoutions la loi.
Aujourd'hui nous t'offrons, Mère aimable et chérie,
Notre amour avec notre foi.

Aux pieds de notre-Reine, en ce jour d'allégresse,
Préludons par nos chants au cantique éternel.
Ah ! répétons encor, pleins d'une sainte ivresse,
Notre acte de foi solennel.

L'Immaculée Conception.

Oui, même avant de voir le jour,
Et toute belle et toute bonne,
Jamais, Reine du saint amour,
Rien n'a terni votre couronne!
Unis à la céleste cour,

CHOEUR.

Chantons la radieuse étoile
Dont toute la splendeur aujourd'hui se dévoile.

C'est moi qui suis la blanche fleur,
Disait le lis de la vallée;
Mais il perd toute sa blancheur
Devant vous, Reine immaculée.
Rien n'est pur comme votre cœur!

Vous l'avez dit : Quand l'Eternel
M'enfantait avant les collines,
Il vit, dans le sein maternel,
Briller de ses clartés divines
La plus belle étoile du ciel !

Salut, trône du Roi des rois,
Maison d'or, arche d'alliance,
De nos cœurs entendez la voix,
Comme vous, puisse notre enfance
Obéir aux divines lois!

L'Immaculée Conception.

Chantons la Vierge immaculée,
L'auguste Mère du Sauveur,
Et que l'Eglise consolée
Publie en tout lieu son bonheur.

Vierge, de tes grandeurs Dieu combla la mesure ;
L'Eglise entière, à tes genoux,
De ta Conception immaculée et pure
Applaudit au dogme si doux.
Enfin de la ville éternelle
Est sorti le décret vainqueur ;
Elle a sonné l'heure si belle
Qui fait palpiter notre cœur.

Jamais le vieux serpent, de sa cruelle envie
Versant partout le noir venin,
N'a pu ternir la fleur ni la tige bénie
D'où sortit le Verbe divin.
Salut, source pure et féconde
Qui, dans tes flots d'azur et d'or,
Nous apportas le Dieu du monde.
Ah ! sois toujours notre trésor.

Plus pure que le lis, dans sa fraîcheur première,
Tu sors du sein de nos déserts ;
Comme l'astre des nuits, de ta douce lumière
Tu réjouis tout l'univers.
Salut, ô bienfaisante aurore,
L'amour et l'espoir d'Israël !
Toi que l'Eglise entière honore,
Ouvre-nous la porte du ciel.

L'Immaculée Conception.

CHŒUR.

O Mère chérie,
Asile de paix et d'amour,
Notre âme ravie
Est à toi sans retour

Anges du ciel, sur vos harpes divines,
De votre Reine exaltez les grandeurs,
Et de Sion les sublimes collines
Par leurs échos répondront à vos chœurs.
Pour célébrer la Vierge immaculée,
Ah! c'est trop peu de nos humains accords:
Saints habitants de la voûte étoilée,
Pour la chanter, prêtez-nous vos transports.

Vous êtes pure, et Satan dans sa rage
Ne peut ternir votre virginité;
Lis éclatant, objet de notre hommage,
Inaccessible à son souffle empesté,
Elancez-vous du milieu des épines,
Et déployez vos parfums, vos couleurs;
Temple mystique assis sur des ruines,
Bravez l'orage et ses coups destructeurs.

Se pourrait-il que la source féconde
D'où s'écoula le béni Rédempteur,
Un seul instant pût d'un poison immonde
Etre infectée et perdre sa douceur?
Mon cœur me dit : Pour l'honneur de Marie
Son Fils Jésus s'est montré trop jaloux;
Au monstre impur une proie est ravie;
La loi de mort a suspendu ses coups.

Marie toute pure.

Vous êtes toute pure,
Sans tache et sans souillure,
Marie!... ah! descendez des cieux!
Venez, et recevez nos vœux!

Vous êtes la Porte brillante
De la Cité de paix :
Dans la demeure permanente
Sans vous nul n'entrera jamais.

Jetez sur nous, ô tendre Mère,
Un regard maternel!
Ne dédaignez pas la prière
Que nous offrons à votre autel.

Donnez-nous l'aimable innocence
Et d'esprit et de cœur;
De la couronne de l'enfance
Le lis est la plus belle fleur.

Du Ciel nous avons par nos crimes
Provoqué le courroux;
Daignez fermer les noirs abîmes,
Et demandez pardon pour nous.

O douce Mère, ô tendre Reine,
Reine et Mère d'amour,
Marie, ah! vous pouvez sans peine
Sauver tous vos enfants un jour!

2

Naissance de Marie.

De tes enfants reçois l'hommage,
Prête l'oreille à leurs accents;
Seigneur, c'est ton plus noble ouvrage
Qu'il vont célébrer dans leurs chants.
Ranimé par ta main puissante,
Plein d'un espoir consolateur,
David, de sa tige mourante,
Voit germer la plus belle fleur.

CHOEUR.

Pleine de grâce, ô Vierge incomparable,
L'honneur, la gloire et l'appui d'Israël,
Jetez sur nous un regard favorable,
De cet exil conduisez-nous au ciel.

Elle est pure comme l'aurore
Qui luit dans un brillant lointain :
Comme le lis qu'on voit éclore
Dans la fraîcheur d'un beau matin;
Et jusqu'aux sources de la vie,
Par un prodige sans égal,
Son âme ne fut point flétrie
Du souffle empoisonné du mal.

Ainsi qu'un palmier solitaire
S'élève sur le bord des eaux,
Et tous les ans donne à la terre
Des fleurs avec des fruits nouveaux;
Ainsi, loin du monde volage,
Il croîtra, cet Enfant divin,
Et tous les peuples, d'âge en âge,
Béniront le fruit de son sein.

Le très-saint Nom de Marie.

Il est un nom qui console la terre,
Il est un nom qui réjouit les cieux :
En le disant, le cœur de l'homme espère ;
En le chantant, les anges sont heureux.

CHŒUR.

Pour une âme qui prie,
C'est un parfum que le nom de Marie,
Et pour l'enfant
Qui l'aime, c'est un chant.

Il est plus doux que la douce fumée
Du pur encens qu'on ne brûle qu'à Dieu :
En le disant, l'âme est comme embaumée,
Le cœur s'enflamme et devient tout de feu.

Il est plus doux que l'odeur de la myrrhe,
Et son parfum apaise les douleurs :
En le disant, le cœur s'ouvre et respire,
Il sent tarir la source de ses pleurs.

Il est plus doux que les larmes du baume
Qui se distille aux champs aimés des cieux :
Il est plus doux que le noir cinnamome,
Que son feuillage et son bois précieux...

Le très-saint Nom de Marie.

Souvent je dis à mon âme attendrie
Un nom bien doux que ma langue a trouvé ;
Souvent ma plume écrit seule : Marie !
C'est que l'amour en mon cœur l'a gravé.

Gloire à Marie !
Baume divin,
Source de vie,
Etoile du matin !

De l'affligé ce nom tarit les larmes ;
Il rend la paix aux cœurs las de souffrir :
C'est un miel pur ; ses parfums ont des charmes,
Et sa douceur enivre de plaisir.

Auguste Vierge, exilé sur la terre,
Vois donc à quoi tout mon pouvoir s'étend :
A répéter le doux nom de ma Mère ;
Mais que c'est peu pour le cœur d'un enfant !

Mon cœur languit ; entends comme il soupire
Après sa joie et son aimable espoir !
Ah ! loin de toi tu sais ce qu'il désire ;
Vierge, réponds, quand pourrai-je te voir ?

Daigne, ô Marie, abréger ma misère.
C'est toi la Reine et la Porte des cieux ;
Appelle-moi pour contempler ma Mère
Et la bénir de m'avoir fait heureux.

Présentation de la sainte Vierge.

Chérubins d'or, gardiens de l'arche sainte,
Dans le parvis que voyez-vous venir?
C'est une enfant; elle approche sans crainte,
Et le grand prêtre est là pour la bénir.

Reconnaissez Marie, Eve nouvelle
Que Jéhovah contemple avec amour;
Elle obéit à sa voix qui l'appelle,
Et vient à lui se donner sans retour.

Oh! saluez votre Reine future,
Anges, témoins de son premier serment!
Dès le berceau parfaite créature
Dieu la possède en son commencement

A son exemple, allons au sanctuaire
Nous consacrer à Dieu qui nous a faits,
Il se révèle à l'âme solitaire
En la comblant de ses riches bienfaits.

Marie au temple.

C'est à l'ombre du sanctuaire,
Enfants, que votre tendre Mère
A vu couler ses plus beaux jours,
Ses jours de paix, hélas! si courts!

CHOEUR.

Si vous avez son innocence,
Si vous aimez le travail, le silence,
Heureux enfants, vous serez ses amours,
Toujours!

Comme la fleur de la vallée
Croît doucement sous la feuillée,
Ainsi, loin des regards mortels,
Elle croissait près des autels.

Sa voix, comme celle des anges,
Du Très-Haut chantait les louanges;
Ses accents, purs, mélodieux,
Etaient comme un écho des cieux.

Souvent, au jour des sacrifices,
Elle offrait à Dieu, pour prémices,
Les grains de froment les plus beaux,
Et les fleurs et les fruits nouveaux.

Tendre victime, au Dieu qu'elle aime
Voulant s'immoler elle-même,
Elle entretenait nuit et jour
Dans son cœur le feu de l'amour.

Magnificat.

CHŒUR.

Gloire à Dieu ! que toute la terre
Tressaille d'amour !
Le Seigneur a fait ce beau jour :
Une Vierge est sa mère !...

Mon âme a tressailli : je sens, je sens mon cœur
Palpiter sous l'effort de son amour vainqueur :
Je cède et je livre mon âme
A cette heureuse flamme.
Mon Dieu, mon Dieu triomphe, et c'est un Dieu
[Sauveur !

Du séjour de sa gloire il a jeté les yeux
Sur la terre d'exil, sur l'homme malheureux ;
Il a vu toute ma faiblesse,
Mais son amour le presse :
Il aime les mortels, il veut souffrir comme eux.

Il a fait dans mon âme un miracle éclatant :
Le Roi des cieux en moi s'est fait petit enfant :
Il montre sa toute-puissance,
Sa bonté, sa clémence :
Plus il veut s'abaisser, plus son nom sera grand !

C'est le Dieu d'Israël, le Dieu des anciens jours ;
Nos pères espéraient en son puissant secours ;
Et lui, fidèle à sa parole,
Il vient, il nous console.
Qu'il règne dans les cieux, qu'il y règne toujours !

Marie, belle aurore.

Lève-toi, belle aurore,
Et fais tomber encore
Sur la terre qui t'implore
Un rayon de tes feux !
Marie, ô tendre Mère !
Jette encor sur la terre
Qui t'aime et te révère
Un regard de tes yeux,
Un doux regard de mère !

Comme l'astre éclatant qui commande le jour,
Seul peut donner naissance à la charmante aurore ;
Ainsi le Dieu que l'univers adore
A seul donné la vie à la Mère d'amour !

Si de ses doux rayons le soleil est l'auteur,
L'aurore du soleil à son tour est la mère,
Ainsi le Dieu d'éternelle lumière
Est sorti de ton sein, Mère du Créateur !

Au lever de l'aurore, à son premier rayon,
Tombe sur chaque fleur une douce rosée,
Et de bienfaits notre âme est arrosée
Sitôt que de Marie elle invoque le nom.

Le tigre des déserts hurle pendant la nuit ;
Quand l'aurore paraît, il rentre en son repaire :
A ton aspect, Marie, ô tendre Mère,
L'enfer vaincu se tait, Satan tremble et s'enfuit.

Assomption.

CHOEUR.

Prosternez-vous, saintes phalanges,
Votre Reine a franchi les portiques des cieux,
Prosternez-vous, chœurs glorieux,
Chantez, exaltez ses louanges.
Prosternez-vous
A ses genoux.

Enfin elle a sonné pour cette auguste Mère
L'heure où vont triompher ses vertus, son amour.
La mort n'a qu'un instant assoupi sa paupière,
Déjà brille à ses yeux la clarté d'un beau jour.

Quel éclat, quelle gloire aujourd'hui l'environne !
Les rayons du soleil forment son vêtement,
Les étoiles des cieux sa royale couronne,
Et la lune à ses pieds se dessine humblement.

Assomption.

Sainte Sion, ouvre tes portes.
Accourez, rangez-vous, ô célestes cohortes,
Recevez la Reine des cieux.
O Jésus, couronnez votre divine Mère,
Et nous, ravis de ce mystère,
Suivons-la de nos chants joyeux.

Quelle est cette Vierge si belle
Qui monte au céleste séjour?
Ce Fils, qui debout auprès d'elle,
La soutient avec tant d'amour?
Chrétiens, c'est l'auguste Marie,
Qui de l'exil de cette vie
Franchit le terme redouté.
Jésus la mène en la patrie;
Il veut que sa Mère chérie
Règne sur la sainte cité.

L'honneur, la gloire l'environnent
De leurs rayons multipliés;
Douze astres brillants la couronnent;
La lune blanchit à ses pieds.
Le soleil fixant sa carrière
De sa plus suave lumière
La pare comme un vêtement.
Avancez-vous, ô toute belle,
De Dieu soyez l'aube immortelle,
Du ciel le plus doux ornement.

Assomption.

Avec transport les Cieux l'ont proclamée
Reine des Saints, des Trônes, des Vertus;
La voyez-vous, ma Mère bien-aimée,
Près de son Fils, près de son doux Jésus!

1er CHOEUR.

Volons, volons, mon âme,
Loin de ce lieu mortel;
Sur nos ailes de flammes,
Suivons Marie au ciel.

2e CHOEUR.

Après ta douce Mère
Vole, mon pauvre cœur;
Loin d'elle, sur la terre,
Loin d'elle est-il bonheur?

Et moi, son fils, comment pourrai-je vivre
Loin des beaux lieux où se trouve sa cour?
Au ciel, au ciel, je veux, je dois la suivre,
Volons, volons, sur l'aile de l'amour.

Cruel départ qui me ravit ma Mère,
Qui m'enleva ma vie et mon espoir;
Partons, partons, la vie est trop amère:
Cieux, ouvrez-vous et laissez-nous la voir.

Mère d'amour, exauce, je t'en prie,
De ton enfant le plus ardent désir;
Fais qu'ici-bas je vive de ta vie,
Et de ta mort que je puisse mourir!

Le très-saint Cœur de Marie.

De tous les cœurs, le plus aimable
Après le cœur
Du Dieu Sauveur,
De tous les cœurs le plus semblable
Au cœur sacré du Rédempteur,
C'est le cœur de Marie.
Que tout dise en ce jour :
Au cœur d'une Mère chérie
Amour ! amour !

Tout le sang que Jésus versa sur le Calvaire
Au jour de sa grande douleur, «
Au jour d'amour et de colère,
Il le fit jaillir de son cœur !....
Mais n'est-ce pas dans le cœur de sa Mère
Que ce grand Dieu, victime de la terre,
Avait puisé ce sang, ce sang réparateur?

Voyez-vous, sous le fer d'une lance cruelle,
Le cœur de mon Jésus s'ouvrir !...
Cette blessure est éternelle,
Et rien ne pourra la guérir !....
D'un glaive aigu la pointe meurtrière
Déchire aussi le cœur de notre Mère
Et doit le déchirer jusqu'au dernier soupir.

Le cœur de mon Jésus est ceint d'une couronne;
C'est un diadème sanglant;
Chaque épine qui l'environne
Est cause d'un nouveau tourment;
Et sur le cœur de sa Mère divine
Je vois des fleurs, des roses; mais l'épine
De ces cruelles fleurs s'abreuve de son sang.

Très-saint Cœur de Marie.

Heureux qui du Cœur de Marie
Connaît, honore les grandeurs,
Et qui sans crainte se confie
En ses maternelles faveurs !
Après le Cœur du divin Maître,
A qui seul est dû tout encens,
Fut-il jamais et peut-il être
Un Cœur plus digne de nos chants ?

Les cieux se trouvent sans parure
Auprès des traits de sa beauté :
Et l'astre, roi de la nature,
Près d'elle a perdu sa clarté.
Cours au temple, ô Fille chérie !
Offrir ton Cœur à l'Eternel ;
Jamais plus agréable hostie
Ne fut portée à son autel.

C'est là que ce Cœur si docile,
Soumis aux éternels desseins,
Se forme à devenir l'asile
Et le séjour du Saint des saints.
O de quels charmes fut suivie,
De quels transports, de quelle ardeur,
L'union du Cœur de Marie
Avec celui du Dieu Sauveur !

O Cœur de la plus tendre Mère,
Cœur plein de grâce et de bonté,
Vous sur qui, dans notre misère,
Notre espoir a toujours compté ;
Daignez être notre refuge
Et notre appui dans tous les temps,
Surtout auprès de notre juge
Dans le dernier de nos instants.

Notre-Dame des Sept-Douleurs.

Debout sur le mont du Calvaire
    Où Jésus expirait;
Debout près de la croix, sa Mère,
    Sa tendre Mère pleurait.

CHOEUR.

Sainte Vierge Marie,
O Mère de douleurs,
A mon âme attendrie
Donnez, donnez des pleurs!

Alors sa tête était couverte
    D'un nuage sanglant;
Alors son âme était ouverte
    Par un glaive déchirant.

Une mère, ô douleur profonde!
    Immobile et sans voix,
Contemplait le Sauveur du monde
    Expirant sur une croix!

Elle était près de la colonne
    Où Jésus fut frappé;
Elle a vu sa dure couronne
    Et son sceptre ensanglanté.

Elle entendit ses tristes plaintes
    Et ses derniers soupirs:
Par son amour, ses pleurs, ses craintes
    C'est la Reine des martyrs!

Venez, et gravez en mon âme
    Ses douleurs et ses traits;
Allumez en mon cœur sa flamme,
    Et qu'elle y brûle à jamais.

Notre-Dame des Sept-Douleurs.

CHOEUR.

Ange de la Vierge fidèle,
Ange qui recueillez ses pleurs,
Faites-nous pleurer avec elle,
Et dites-nous ses premières douleurs.

Marie, elle a pleuré même avant d'être mère;
Seule à l'ombre du sanctuaire,
Au pied des saints autels,
En demandant aux Cieux le Sauveur de la terre,
Elle versait des pleurs sur les maux des mortels.

Marie, elle a pleuré le jour qu'elle fut mère,
Quand dans la crèche solitaire
Qu'il eut pour tout berceau,
Elle vit Dieu répandre une larme première;
Elle a pleuré, ce jour, comme ensuite au tombeau.

Marie, elle a pleuré quand, victime innocente,
Jésus prit dans sa chair souffrante
La marque des pécheurs.
Elle entendit ses cris, mère compatissante,
Elle voyait son sang, elle y mêlait des pleurs.

Marie, elle a pleuré le jour qu'un saint prophète
Montra suspendu sur sa tête
Un glaive menaçant;
Quand Siméon, parlant de mort et de tempête,
Immolait à la fois et la Mère et l'Enfant.

Le Rosaire.

Grains enlacés, belle couronne,
Qui sous mes doigts parlez aux cieux,
Pendant qu'à Dieu mon cœur se donne
Dans un élan silencieux,

CHOEUR.

Vous serez toujours ma défense,
Et ma joie et mon espérance.

Vous qui me dictez, quand je prie,
Les mots du message divin
Qui fut la gloire de Marie
Et le salut du genre humain;

Vous dont la forme symbolique,
Vous dont le nom pris à la fleur
Rappelle la rose mystique,
Reine des jardins du Seigneur;

Restez avec moi, douce chaîne;
Que votre anneau mystérieux
Me lie à mon aimable Reine
Et rattache mon cœur aux cieux.

Consécration à Marie.

Du haut du céleste séjour
Où la gloire est votre apanage,
Marie, agréez en ce jour
Et notre encens et notre hommage.

CHOEUR.

Du péché brisons les liens,
Du monde abjurons la folie,
Notre amour, nos cœurs et nos biens,
Nous consacrons tout à Marie.

En vain par l'attrait du plaisir
Le monde cherche à nous séduire,
Nos cœurs n'ont plus d'autre désir
Que de vivre sous votre empire.

Le monde est aveugle, trompeur;
Ses plaisirs ne sont que folie;
Et pour trouver le vrai bonheur
Nous consacrons tout à Marie.

Sur nous des plus riches faveurs
Le Ciel a versé l'abondance;
On voit régner dans tous les cœurs
La douce paix et l'innocence.

Nous voulons toujours professer
De la croix la sainte folie;
Et, pour jamais ne nous lasser,
Nous nous consacrons à Marie.

Consécration à Marie.

A la Reine des cieux offrons un tendre hommage :
Réunissons pour elle et nos voix et nos cœurs.
    A chanter ses grandeurs
    Consacrons la fleur de notre âge.

    Heureux celui qui, dès l'enfance,
    Lui fait de soi-même le don,
      Et met son innocence
      A l'abri de son nom !

Aux yeux du Tout-Puissant elle fut toujours pure.
Chantons sur le péché son triomphe éclatant.
      Son cœur, même un instant,
    Ne reçut jamais de souillure.

    Plus sainte que les chœurs des Anges,
    Des Trônes et des Chérubins,
      Elle a droit aux louanges
      Des mortels et des saints.

Le Dieu de sainteté la choisit pour sa mère ;
Rendons, rendons hommage à sa maternité.
      Par son humilité,
    A ses yeux purs elle sut plaire.

    Elle fut épouse et féconde,
    Sans nuire à sa virginité ;
      Et le Sauveur du monde
      De ses flancs nous est né.

Consécration à Marie.

J'entends le monde qui m'appelle,
Mais il m'offre en vain sa faveur;
O Marie, ô Reine immortelle,
Je viens me jeter dans ton cœur;
Sous tes drapeaux toujours fidèle
Je trouverai le vrai bonheur.

CHOEUR.

Reine des cieux, Mère auguste et chérie,
Oui, pour toujours nous sommes tes enfants :
Nous le jurons à tes pieds, ô Marie !
Plutôt mourir que trahir nos serments !

Laissons au méchant son ivresse ;
Ah! n'envions pas son bonheur :
Sa folle et bruyante allégresse
N'est toujours qu'un masque trompeur;
C'est que le remords, la tristesse
Alors lui déchirent le cœur.

De fleurs il couronne sa tête,
Et sous ses pas naît le plaisir :
Sa vie est un long jour de fête.
Mais qu'il se hâte d'en jouir;
La pâle mort déjà s'apprête,
Et l'éternité va s'ouvrir!

Amour et Confiance.

Vois à tes pieds, Vierge Marie,
Les enfants sur qui, chaque jour,
S'épanchent de ta main chérie
Les flots si doux du pur amour.

CHOEUR.

Tous, heureux dans ton sanctuaire,
Nous revenons célébrer tes bienfaits;
Crois-en nos cœurs, auguste et tendre Mère,
Nous ne t'oublierons jamais!
Non, non, non, non, jamais, jamais, jamais!!!

Le monde, de sa folle ivresse,
En vain nous offre les douceurs;
Loin de sa coupe enchanteresse,
Une Mère garde nos cœurs.

Cent fois planant sur notre tête,
La foudre a menacé nos jours;
Quand gronde la noire tempête,
Marie en détourne le cours.

Vierge, notre douce espérance,
Nous t'en prions, guide nos pas.
Ta main conduisit notre enfance;
Protége-nous dans les combats.

A tes bontés toujours fidèle,
Rends nos ennemis impuissants;
Daigne nous couvrir de ton aile,
Marie, exauce tes enfants!

Consécration à Marie.

Au pieds de la Vierge fidèle,
Venez répéter vos serments :
Venez tous, elle vous appelle ;
N'êtes-vous pas tous ses enfants ?

CHOEUR.

Reine des cieux, divine et tendre Mère,
De vos enfants, exaucez la prière.
Vous nous voyez à vos genoux ;
Exaucez notre humble prière,
Mère de Dieu, protégez-nous.

Elle aime à se voir entourée
De ses fidèles serviteurs ;
Ils ne l'ont jamais implorée
Sans se voir comblés de faveurs.

Pécheur, son amour te réclame,
Pour toi son cœur est alarmé,
Ton crime a déchiré son âme ;
Mais un fils est toujours aimé !

Vous tous qui répandez des larmes,
Venez, venez à ses genoux ;
Elle calmera vos alarmes
Et rendra votre sort plus doux.

Vous surtout, famille chérie,
Enfants, vous si chers à son cœur,
Venez à l'autel de Marie,
Venez chercher le vrai bonheur.

Une Couronne à Marie.

Pourquoi cette vive allégresse
Qui brille sur nos fronts joyeux?
Pourquoi ces nouveaux chants d'ivresse
Dont retentissent ces beaux lieux?
Enfants d'une Mère chérie,
A la fin du jour vénéré,
Portons nos tributs à Marie,
Au pied de son trône sacré.

CHOEUR.

Vierge, reçois cette couronne;
Fais qu'elle soit le gage heureux
De celle qu'auprès de ton trône
Tu nous réserves dans les cieux.

Pour la gloire de votre Reine
Quittez vos sacrés pavillons;
Autour de votre Souveraine,
Anges, rangez vos bataillons.
Le front incliné vers la terre,
Mêlez votre amour et vos chants
A ceux que, pour leur tendre Mère,
Font éclater tous ses enfants.

Et vous, ornements de la terre,
Croissez, croissez, charmantes fleurs;
C'est pour le front de notre Mère,
Que nous destinons vos couleurs.
Vierge, ici-bas pour ta couronne,
Les fleurs nous offrent leurs présents;
Fais qu'un jour, auprès de ton trône,
Ta couronne soit tes enfants.

Marie, aimable protectrice,
Sur tes enfants jette les yeux.
Vers eux étends ta main propice,
Et prête l'oreille à leurs vœux.
Nous demandons tous l'espérance,
De la foi le précieux don;
L'innocent la persévérance,
Et le coupable le pardon.

L'Enfant de Marie.

Je suis l'enfant de Marie,
Et ma Mère chérie
Me bénit chaque jour.
Je suis l'enfant de Marie,
C'est le cri de mon cœur! c'est mon refrain d'amour

Qu'il est heureux, ô tendre Mère,
Celui qui t'a donné son cœur!
Est-il un état sur la terre
Qui puisse égaler son bonheur?

O vous que la douleur oppresse,
Venez implorer sa bonté;
Et vous nagerez dans l'ivresse
D'une pure félicité.

Que craindrait l'enfant de Marie?
Sa Mère est la Reine des cieux;
Et du cœur humble qui la prie,
Elle aime à bénir tous les vœux.

Quel bonheur pour toi, tendre Mère,
De couronner mon front vainqueur!
Pour ton enfant, Vierge si chère,
De te voir toujours, quel bonheur!

Serment de l'Enfant de Marie.

J'entends en mon âme ravie
Ce cri d'un cœur reconnaissant :
Promets à la Vierge Marie
D'être à jamais son digne enfant.

CHŒUR.

Vierge Marie,
Mère bénie,
Vous me voulez pour votre enfant :
Je le suis, j'en fais le serment :
Oui, je le suis, oui, j'en fais le serment.

Puisque votre immense tendresse
Se répand sur moi chaque jour,
Ne faut-il pas que je m'empresse
De vous consacrer mon amour?

Qui pourrait, ô Mère admirable,
Me faire oublier vos bienfaits?
Ah! je suis déjà bien coupable;
Mais être ingrat, non, non, jamais.

Agréez, ô bonne Marie,
Ce ferme propos d'avenir :
Je vous promets, toute ma vie,
De vous aimer, de vous bénir.

Serment du Congréganiste.

CHOEUR.

Oui, toujours nous serons fidèles,
O Vierge mère, à nos serments.
Toujours à l'ombre de tes ailes
Nous voulons rester tes enfants.

Heureux qui t'aime, ô Vierge mère !
Son âme goûte un pur bonheur.
A tes pieds, dans ton sanctuaire,
La paix du ciel est dans son cœur.

Il fait si bon dans ta chapelle,
Quand nous y sommes réunis !
Alors surtout, Vierge fidèle,
Tu nous entends, tu nous bénis !

Là nous prions pour tous nos frères,
Présents, absents et voyageurs ;
Là nous te disons nos misères,
Et toi-même sèches nos pleurs !

Ici nous formons ta couronne,
Puissions-nous la former un jour !
Et dans le ciel, Mère si bonne,
T'aimer ensemble sans retour.

Auprès de toi, Vierge chérie,
Tu nous vois tous à ton autel ;
Auprès de toi, tendre Marie,
Rassemble-nous tous dans le ciel.

Serment du Pèlerin.

Salut, aimable sanctuaire,
Où tous heureux nous revenons
Visiter notre auguste Mère
Et nous enrichir de ses dons.

CHOEUR.

En ce jour, ô Vierge bénie,
De tous reçois un serment de bonheur.
Oui, jurons tous sur l'autel de Marie :
A la vie, à la mort, nous serons à son cœur.

Dans l'asile où la Providence
Nous entoure de tant d'amour,
Tout protége notre innocence...
Mais le danger vient chaque jour.

En vain les plaisirs de la terre
Etaleront leurs vains appas :
Nous penserons à notre Mère
Et nous marcherons sur ses pas.

La vie est un pèlerinage
Qui mène au séjour éternel.
Malheur à qui, dans le voyage,
S'arrête à quelque objet mortel.

Fidélité à Marie.

Viens, viens à moi, m'a dit souvent le monde,
Je donne à tous bonheur, plaisir sans fiel.
Mais une Vierge, au front pur comme l'onde,
M'a dit tout bas : Suis-moi, je mène au ciel !

Et moi j'ai dit : Je veux suivre Marie !
Le monde ment; ses fruits sont des douleurs.
Mais toi, Marie, au séjour de la vie
Tu nous conduis par un sentier de fleurs.

Bonne Marie, invoque Dieu sans cesse;
Demande-lui que je sois doux de cœur,
Humble d'esprit, soumis dans la tristesse,
Mais surtout pur, pur comme un lis en fleur.

Tu sais, hélas ! cette terre est affreuse;
C'est un exil, un noir vallon de pleurs :
Sois près de moi, Rose mystérieuse,
Et ton parfum calmera mes douleurs.

Tu sais, le monde est une mer cruelle
Où trop souvent l'on rencontre la mort :
Brillante Etoile, ah ! guide ma nacelle,
Et sans danger je gagnerai le port !

Le Mois de Marie.

Salut à toi, mois bien-aimé
Qui portes le nom de ma Mère !
Salut à ton souffle embaumé !
Salut à ta vive lumière!
Orne de roses le jardin,
Sème les fleurs dans la prairie ;
Donne, le soir et le matin,
Donne tes parfums à Marie !

Au champ tu prêtes ses couleurs,
Au bosquet son riant feuillage,
Au verger ses bouquets de fleurs,
A l'oiseau son joli ramage,
Ses jours sereins au doux printemps,
A tous sa présence chérie ;
Prête-nous aussi des accents
Pour chanter un hymne à Marie !

Petits oiseaux, que chantez-vous
Quand l'aube blanchit la colline ?
Qui vous dicta des chants si doux
Sur ces verts buissons d'aubépine ?
Mêlez son nom à vos concerts,
Réservez votre mélodie
Pour dire aux bois comme aux déserts
Les douceurs du nom de Marie!

Auguste Mère de Jésus,
Montre-toi mon aimable Mère !
Orne mon cœur de tes vertus !
Ouvre l'oreille à ma prière !
Prête la main à ton enfant !
Soutiens mes pas, Vierge bénie !
Instruis mon cœur reconnaissant
A te servir, douce Marie!

Mois de Marie.

CHOEUR.

Salut, ô beau mois de Marie !
O mois que j'ai tant désiré,
Mois que toute l'année envie,
Augure de félicité !

Ton doux soleil commence à luire ;
Il est l'espoir du malheureux.
En toi, je crois voir le sourire
De l'aimable Reine des cieux.

Sans doute, ô Vierge bien-aimée,
Ce mois devait t'appartenir ;
Il est le plus beau de l'année,
Aussi nous venons te l'offrir.

A cette époque fortunée,
Temps de grâces et de faveurs,
A notre Mère couronnée
Offrons nos vœux, offrons des fleurs !

O ne trompez pas mon attente,
Marie, espoir de l'univers !
Vous, qu'avec tant d'amour je chante,
Vous, que j'honore dans mes vers.

Le Mois de Marie.

Dans ce beau mois, lorsqu'au nom de Marie
Un doux soleil sourit aux jeunes fleurs,
Mère si tendre et toujours plus chérie,
Souris toi-même aux désirs de nos cœurs.

CHOEUR.

Vierge si chère
Aux premiers ans,
Sois notre Mère
Et bénis tes enfants.

Voués à toi dès notre plus bel âge,
S'il faut connaître un monde criminel,
Près de Jésus, en dépit de l'orage,
Nous dormirons sur ton sein maternel.

Le noir dragon, qui rôde avec furie,
Veut nous ravir ce cœur notre seul bien;
Mais c'est en vain, ce cœur est à Marie,
Et contre lui l'enfer ne peut plus rien.

D'un Dieu clément la tendresse éternelle
Nous donne au ciel sa Mère pour appui;
Heureux enfants, en travaillant pour elle,
Nous sommes sûrs de travailler pour lui.

Ta volonté pour nous sera suivie :
Oui, nous t'aimons, et nous venons t'offrir
Tout notre cœur, nos désirs, notre vie
Et notre mort quand il faudra mourir.

Le Mois de Marie.

De ton mois, ah! Marie,
Fêtant le plus beau jour,
Ta famille chérie
Vient t'offrir son amour.

CHOEUR.

Sur ton sein, tendre Mère,
Ah! presse tes enfants.
Souris à leur prière,
Rends leurs cœurs innocents.

Vierge, en ton sanctuaire,
Descends du haut des cieux,
Et dans ce jour prospère,
Sur nous fixe les yeux.

L'innocence, ô Marie,
Sans tes secours puissants,
Hélas! sera flétrie
Dès ses plus jeunes ans.

Et toi, monde perfide,
De fleurs sème tes pas;
Trop infidèle guide,
Je ne te suivrai pas?

De ma propre faiblesse,
Ma Mère, défends-moi
Conserve à ma jeunesse
Les vertus et la foi.

Le Mois de Marie.

Salut, Vierge fidèle,
Les délices des Cieux :
Reçois la fleur nouvelle
Qu'accompagnent mes vœux.

Par sa douce lumière,
Le soleil du printemps
A réjoui la terre
Et fait fleurir les champs ;
L'odorante prairie
Semble comme un jardin
Où la rose est fleurie
Auprès du beau jasmin.

Lorsque la fleur s'étale
Devant nos yeux charmés,
Du parfum qu'elle exhale
Les airs sont embaumés !
Dans son muet langage
Le calice odorant,
D'un Dieu brillant ouvrage,
Bénit son bras puissant.

Quittez, ô fleur charmante,
Vos rameaux verdoyants ;
A la Vierge clémente
Vous serez mes présents.
Fleurs, formez des guirlandes,
Levez vos fronts joyeux ;
Vous serez mes offrandes
A la Reine des cieux.

Adieux à l'autel de Marie.

Il faut quitter le sanctuaire
Où j'ai retrouvé le bonheur ;
Mais je veux auprès de ma Mère,
Je veux ici laisser mon cœur.

CHOEUR.

Je pars, adieu, Mère chérie,
Adieu, ma joie et mes amours !
Toujours je t'aimerai, Marie,
Toujours !

J'avais le cœur si plein de larmes
Quand j'approchai de ton autel !
Mais tu mis fin à mes alarmes
Par un seul regard maternel.

J'ai retrouvé de l'espérance
Sitôt que je fus devant toi ;
Ton cœur, toujours plein de clémence,
Au cœur de Dieu parla pour moi.

Tu répondis à ma prière
Par un regard du haut des cieux,
Et tu m'as dit : Je suis ta Mère,
Toujours sur toi j'aurai les yeux.

Ah ! je voudrais, Vierge fidèle,
Rester toujours à tes genoux
Jusqu'à ce que la mort m'appelle.
Mourir ici serait si doux !

Ave Maria.

CHOEUR.

Salut, ô Marie,
De grâce remplie!
O Fille chérie
Du Dieu créateur!

Seule entre les femmes,
Dont les chastes flammes
Offrent à nos âmes
L'Enfant rédempteur!

Que notre prière,
Douce et sainte Mère,
Rende un ciel sur terre
Au pauvre pécheur.

Et qu'à l'instant même
Comme à l'heure extrême,
Si son cœur vous aime,
Il ait votre cœur!

Ave Maria.

Reine des anges,
Que vos louanges
Retentissent en tout lieu.
Mère chérie,
Vers vous je crie :
Priez pour nous, Mère de Dieu.

Je vous salue, ô Marie,
Vierge de grâces remplie!
Avec vous est le Seigneur,
Femme entre toutes bénie,
Paix des cœurs, Source de vie,
Aurore du Dieu sauveur !

Vierge de faveurs comblée,
Toujours pure, immaculée,
Gloire et salut d'Israël :
O notre unique espérance
Vous reformez l'alliance
De la terre avec le ciel.

Bénie à jamais l'aurore
Qui parmi nous fait éclore
Le beau soleil des élus !
Béni du ciel, de la terre,
Votre Fils, ô Vierge Mère,
Notre doux Sauveur Jésus !

Prière à Marie.

Salut, sainte Vierge Marie !
Nous sommes tous à vos genoux.
Salut, entre toutes bénie,
O sainte Vierge, écoutez-nous !
Comme notre Mère chérie,
Ah! soutenez-nous ici-bas,
      Vierge Marie,
      Guidez nos pas.

N'êtes-vous pas la belle étoile
Qui guide au loin le voyageur ?
C'est vous qui dirigez la voile
Et l'humble barque du pêcheur.
Si jamais l'orage en furie
Venait aussi nous frapper tous,
      Vierge Marie,
      Protégez-nous !

C'est vous qui rendez l'espérance
Aux cœurs tristes et délaissés ;
C'est vous qui calmez la souffrance
Des malades et des blessés.
Ah! des écueils de cette vie,
Quand nous marchons tournés vers vous,
      Vierge Marie,
      Préservez-nous !

Prière à notre Mère.

Sainte Vierge, pleine de grâce,
Toi qui mets fin à tous les maux !
L'exil est un mal qui nous lasse,
Ah ! viens nous donner le repos.

CHOEUR.

Daigne écouter l'humble prière
Que nous t'adressons tous les jours :
Reine des cieux, sois notre Mère
Toujours, toujours, toujours, toujours.

Ecoute celui qui t'implore,
Tour de David, Source d'amour,
Vierge sainte, brillante aurore
Du plus pur et du plus beau jour.

L'aquilon souffle sur nos têtes :
Vierge divine, sauve-nous,
Eloigne de nous les tempêtes !
Vois, nous sommes à tes genoux.

Rends-nous cette terre chérie,
Le ciel aimé de notre cœur,
Cette aimable et douce patrie
Où se trouve le vrai bonheur.

Prière à Marie.

Divine Marie,
O Mère chérie,
Divine Marie,
Mère du Sauveur,
Entends la prière
Du pauvre pécheur;
Montre-toi sa mère,
Ouvre-lui ton cœur,

Mère toujours bonne,
Au méchant pardonne,
Mère toujours bonne,
Rends-le ton enfant.
Dans ton cœur, l'asile
Du vrai pénitent,
L'âme est si tranquille,
Le cœur si content!

Une paix profonde,
A l'abri du monde,
Une paix profonde,
Voilà son bonheur.
Oui, sous tes auspices,
Reine de mon cœur.
Tous les sacrifices
N'offrent que douceur.

L'enfer dans sa rage
Fait gronder l'orage,
L'enfer dans sa rage
Rugit à l'entour.
Ah! que craindrait-elle,
Sûre en ce séjour,
L'âme qui, fidèle,
Garde ton amour!

O Domina mea.

CHOEUR.

O ma Reine, ô Vierge Marie,
    Je vous donne mon cœur.
Je vous consacre pour la vie
    Mes peines, mon bonheur.

Je me donne à vous, ô ma Mère,
    Je me jette en vos bras ;
Marie, exaucez ma prière,
    Ne m'abandonnez pas.

Je vous donne toutes mes larmes,
    Je les mêle à vos pleurs :
Marie, ah ! vous donnez des charmes
    Aux plus grandes douleurs.

Gloire à Jésus, gloire à sa Mère,
    En tout temps, en tous lieux :
Amour et gloire sur la terre ;
    Gloire, amour dans les cieux.

Alma Redemptoris.

CHOEUR.

Sainte Vierge Marie,
Aimable Mère du Sauveur,
Je vous consacre pour la vie
L'hommage de mon cœur.

Sainte Vierge Marie,
Vous êtes la porte du ciel ;
Obtenez qu'à mon agonie
J'entre en ce séjour immortel !

Sainte Vierge Marie,
Vous êtes l'étoile des mers ;
Apaisez des vents la furie,
Calmez, calmez les flots amers.

Sainte Vierge Marie,
O Mère du divin amour,
Vous n'avez pas été flétrie
En donnant à Jésus le jour.

Sainte Vierge Marie,
Vous voyez couler tous nos pleurs ;
Priez pour nous dans la patrie,
Priez pour de pauvres pécheurs !

Regina Cœli.

CHOEUR.

Triomphe, victoire!
Amour, honneur et gloire!
Voici, voici le jour
Où triomphe l'amour!
Jésus dompte la mort, Jésus est plein de vie;
Amour, honneur et gloire à Jésus, à Marie!

Vierge sainte, le Dieu qui s'est fait votre enfant
Ne pouvait du tombeau subir la pourriture;
Le Roi des cieux, Jésus, le Dieu de la nature,
Ne pouvait mourir qu'un instant.

Votre Fils a quitté son tombeau glorieux;
Aux premiers feux du jour, fidèle à sa promesse,
Il est ressuscité : tout brille d'allégresse
Sur la terre, au plus haut des cieux.

Vous avez partagé ses amères douleurs,
Vous vouliez avec lui mourir sur le Calvaire;
Entrez donc dans sa joie, ô douce et tendre Mère,
Et priez-le pour les pécheurs!

Ave Regina cœlorum.

Reine des cieux,
Entends nos vœux;
Reine des anges,
A mes louanges
Ouvre ton cœur,
Et d'un pécheur,
O tendre Mère,
Exauce la prière.

Porte des cieux,
Les malheureux
A ta puissance,
A ta clémence
Ont tous recours;
Sauve leurs jours,
O tendre Mère,
Exauce leur prière.

Reine des cieux,
C'est de tes yeux
Que la lumière
Vient à la terre;
C'est de ton cœur
Que le bonheur,
O tendre Mère,
Nous vient dans la prière.

Reine des cieux,
A mes adieux
Sois attendrie,
Vierge Marie,
Et sois toujours
Tous mes amours;
Adieu ma Mère,
Mais garde ma prière.

Litanies de la sainte Vierge.

Reine du ciel, Vierge Marie,
O vous, ma patronne chérie,
De tout mortel qui souffre et prie,
Souvenez-vous, souvenez-vous.
Vous, d'un Dieu virginale Mère
Qui des cieux rapprochez la terre,
Vous par qui le pécheur espère,
Priez pour nous, priez pour nous.

O des élus fleur précieuse,
Rose blanche et mystérieuse,
De la vierge simple et pieuse,
Souvenez-vous, souvenez-vous.
Si notre cœur au jour prospère
S'enfle d'orgueil, et pour la terre
S'il vous oublie, ô notre Mère,
Priez pour nous, priez pour nous.

Quand devant lui le ciel se voile,
Quand le vent déchire sa voile,
Du voyageur, ô blanche étoile,
Souvenez-vous, souvenez-vous.
Souvenez-vous de nos misères,
De nos larmes, de nos prières,
Des enfants qui n'ont plus de mères :
Priez pour nous, priez pour nous.

Du pauvre opprimé sans défense,
Du malade sans espérance
Et du mourant sans assistance,
Souvenez-vous, souvenez-vous.
Reine des saints, Reine des anges,
Recevez-nous dans vos phalanges :
Qu'au ciel nous chantions vos louanges!
Priez pour nous, priez pour nous.

Litanies de la sainte Vierge.

CHOEUR.

Marie !
Mère chérie !
Notre espérance est tout en vous.
Bonne Vierge, priez pour nous !

Priez pour nous, ô Vous que le monde révère,
Vous dont le pied vainqueur écrasa le serpent.
Vierge sainte, qu'un Dieu voulut nommer sa Mère,
Vous pouvez tout pour nous, Jésus fut votre enfant.

Priez pour nous, ô Mère aussi tendre que pure,
Que la grâce d'un Dieu pare de tous ses dons.
Cette grâce par vous a vaincu la nature ;
Par vous elle triomphe et nous la possédons.

Priez pour nous, ô Vous qu'on chérit, qu'on admire,
Vierge, fille d'Adam, Mère du Créateur ;
Merveille du Très-Haut, vous dont l'aimable empire
Est cher à l'univers qui vous doit son Sauveur.

Priez pour nous, ô Vous, grand et parfait modèle
De justice, de foi, d'espérance et d'amour :
Vous qui nous retracez, comme un miroir fidèle,
Les vertus qui du ciel peuplent l'heureux séjour.

Priez pour nous, ô Vous dont la tendre clémence
Rassure des pécheurs les cœurs humiliés
Peut-on assez louer votre douce puissance,
Lorsque Dieu né de vous met le monde à vos pieds ?

Litanies de la très-sainte Vierge.

CHOEUR.

Vierge Marie,
Nous avons tous recours à vous;
Mère chérie,
Priez, priez pour nous!

Elle est pure, Marie,
Comme le rayon des cieux;
Belle toujours, jamais flétrie,
Du Seigneur elle a charmé les yeux.

Vierge pure et féconde,
Dans une extase d'amour,
Elle enfanta le Dieu du monde,
L'Eternel, pour nous enfant d'un jour.

C'est la Vierge puissante,
La Mère du bel amour;
Elle est fidèle, elle est clémente,
Elle est Reine au céleste séjour.

C'est la Rose fleurie,
C'est le lis pur, virginal;
C'est le parfum de la prairie,
C'est le feu du rayon matinal.

C'est la Reine des Anges,
C'est la Reine des élus;
Au ciel tout chante ses louanges,
Ses bienfaits, sa gloire et ses vertus.

Notre-Dame de la Treille.

Notre Dame à la Treille,
Veux-tu prêter l'oreille,
Pour bien ouïr la voix
Du bon peuple lillois?
Il vient te faire entendre
Un chant naïf et tendre,
Pour fêter ton retour,
Dame du saint amour!

Autrefois ta bannière,
Célèbre dans Saint-Pierre,
Protégeait nos aïeux,
Reine aimable des cieux!
Te prenant pour patronne,
Lille aux pieds de ton trône
Vint déposer ses clés,
O Force des cités!

Durant huit siècles Lille
A dans ton sein tranquille
Recueilli tes bienfaits,
Notre-Dame de paix;
Et cinquante ans d'absence
Lui donnent l'assurance
D'un surcroît de faveurs,
Dame, espoir des pécheurs!

Qu'une clarté nouvelle
Brille à l'œil infidèle;
Eclaire la Cité,
Dame de pureté!
Veille aussi sur la France,
La terre d'espérance;
Fais-y connaître Dieu,
Dame à la Treille, adieu!

Notre-Dame de la Treille.

CHŒUR.

Tout refleurit, et la rose pourprée
Au chaste lis s'unit avec amour.
    Déjà la plaine diaprée
    Renaît aux feux brillants du jour.
    Remplissons notre corbeille
    De nos plus charmantes fleurs ;
A Notre-Dame de la Treille
Offrons nos vœux, offrons nos cœurs !

De notre Flandre, ô douce Reine,
Comme une étoile aux feux sereins,
Jadis tu guidais dans la plaine
Le chœur nombreux des pèlerins.
Au mois où fleurissent les roses,
Sonnait ce pieux rendez-vous :
Les fleurs en nos champs sont écloses,
Et nous sommes *à tes genoux !*

Cher et glorieux héritage,
De nos aïeux doux souvenir,
Ta véritable et sainte image
Est toujours prête à nous bénir.
La foudre a passé sur nos têtes ;
Ton temple a fléchi sous ses coups....
Mais tu dissipes les tempêtes....
Et nous volons *à tes genoux !*

Au pied de l'autel séculaire
Où nos mères venaient prier,
Nous aussi, Vierge tutélaire,
Nous accourons te supplier ;
Qu'un nouveau nœud à toi nous lie,
Et que tes yeux, tombant sur nous,
Contemplent ta cité chérie
Toujours priant *à tes genoux !*

Notre-Dame de la Treille.

(Jubilé séculaire de 1854.)

CHOEUR.

O Cité de la Vierge, en ce jour d'allégresse,
Que ton amour s'exhale en chœurs mélodieux !
Que ta pieuse voix redise avec ivresse
Le beau nom de Marie aux mille échos des cieux.

O puissante Souveraine !
Le siècle en son cours amène
La fête chère à nos cœurs.
Pour célébrer ta mémoire,
Ton peuple, en ce jour de gloire,
Vient t'offrir ses chants, ses fleurs.

O la plus tendre des mères,
Ainsi que t'aimaient nos pères
Nous t'aimons à notre tour.
Notre Flandre est ton domaine,
Et tes bienfaits sont la chaîne
Qui nous lie à ton amour.

Près de l'Image bénie,
Vois ton peuple qui te prie,
Et qu'unit un même amour ;
Du riche accepte l'offrande,
Du pauvre entends la demande,
Donne-lui le pain du jour.

Garde toujours cette enceinte,
O toi des cieux Porte sainte,
Blanche Tour de la cité ;
Et tes enfants, d'âge en âge,
T'offriront un pur hommage
D'amour et de piété.

Souvenir du temps antique,
Ta bannière symbolique
S'incline devant l'autel ;
C'est un signe d'alliance
Que Lille avec confiance
Donne à ton cœur maternel.

Basilique de N.-D. de la Treille.

Premier autel consacré, 4 juin 1859.

CHOEUR.

Salut, Vierge de Lille !
Ton autel est notre asile,
L'honneur de notre ville.
O doux espoir des pèlerins,
Entends les joyeux refrains
Et les vœux des pèlerins.

De Pierre le temple antique
Avait tristement péri,
Et la Vierge pacifique
Voyait son culte aboli.
Mais l'étoile salutaire
Paraît sous un ciel plus beau :
BASILIQUE tutélaire,
Nous te chantons de nouveau.

Il se couvrait de poussière
Le bâton du pèlerin ;
Sur le chemin solitaire,
Plus de chant, de doux refrain.
Mais de ton triomphe antique
Nous saluons le retour ;
Voici qu'en ta BASILIQUE
Nous chantons avec amour.

Notre-Dame de la Treille
Vois les vœux de tes enfants ;
Qu'à jamais ton amour veille
Sur Lille et ses habitants ;
Et sous ta loi douce et sainte
Que nos arrière-neveux
Comme nous en cette enceinte.
Disent ton nom glorieux !

Cheveux de la très-sainte Vierge [1].

Don sacré, gage tutélaire,
Que jadis, s'élevant aux cieux,
La Vierge léguait à la terre
Comme un souvenir précieux,
Salut! ô relique chérie!
Seul reste de ce corps divin
Qui sur l'aile d'un séraphin,
Radieux, remonta vers la sainte patrie!

CHOEUR.

A toi, Mère d'amour, à toi les cœurs fervents,
Pour la vie
Sois chérie,
Douce, tendre Marie,
Guidant tes chers enfants,
Seule inspire,
Leur délire,
Et leur amour, et leurs vœux et leurs chants!

Salut, chevelure sacrée,
Que peut-être Jésus enfant
A plus d'une fois effleurée
D'un baiser tendre et caressant.
Salut, nœud d'amour, douce trame,
Qui rive nos cœurs à jamais
A la Vierge dont les bienfaits
Allumèrent en nous une immortelle flamme.

Jadis à Lille, un pareil gage,
De nos pères au cœur pieux,
Recevait un constant hommage,
De l'encens, des fleurs et des vœux.
Les jours de l'antique alliance
Sont enfin revenus pour nous...
Vierge pour des bienfaits si doux,
Accueille le tribut de la reconnaissance.

[1] Cette précieuse relique est vénérée à la Maison-mère
des Religieuses de Notre-Dame de la Treille.

Chant de Gloire.

CHOEUR.

A la Mère de Dieu
Chant de triomphe et de victoire!
En tout temps, en tout lieu,
Beauté, puissance, amour et gloire!

Des cieux, quand le soleil à son midi les dore,
Ton Fils a la splendeur;
On l'adore,
On l'implore,
Belle aurore,
Avant-courrière du Seigneur!

A ta naissance, astre d'un nouveau jour,
Le Ciel sourit d'amour,
La terre d'espérance;
Et ton retour,
Bel arc-en-ciel, d'un plus beau jour
Est l'assurance!

Sur l'Eglise du Christ, quand le soleil se voile,
O belle Etoile,
Tu diriges sa voile et son vaisseau,
Quand sur nos têtes,
La colère de Dieu fait passer les tempêtes,
Nous nous cachons, Reine, sous ton manteau,
Et là, tranquilles,
Quand sont fermés pour nous tous les autres asiles,
Nous attendons un jour plus beau!

Hymne à Marie.

Venez, ô famille chérie.
Parmi les plus joyeux transports,
Venez présenter à Marie
Vos vœux unis à vos accords.

CHOEUR.

C'est notre reine, notre mère!
A l'aimer consacrons nos jours.
Heureux l'enfant qui sait lui plaire
Toujours, toujours, toujours, toujours.

O tendre, ô sublime mystère!
Fille et Mère du Roi des rois!
Au ciel, dans l'enfer, sur la terre,
Tout suit, tout respecte ses lois.

De tous les biens, Source féconde,
Source de vie et de douceur,
Toujours par torrents sur le monde
Les grâces coulent de son cœur.

Que l'enfer au monde s'allie
Pour perdre nos cœurs innocents,
Contre les enfants de Marie
Leurs traits sont toujours impuissants.

Louanges à Marie.

Bénissons en ce jour
La Mère du Dieu d'amour.

Portez-là sur vos ailes,
O brûlants Séraphins,
Trônes et Chérubins,
Anges toujours fidèles.

Que le ciel et la terre
L'honorent à la fois !
Que les sujets, les rois
La prennent pour leur mère.

Que la tendre Marie
Règne sur l'univers !
Elle a brisé nos fers
Et nous avons la vie.

Sous son joug tutélaire
Nous respirons en paix,
Et comblés des bienfaits
De cette aimable Mère.

Jetons-nous à l'envie
Dans ses bras maternels,
Entourons les autels
De la tendre Marie.

Oh! quelle est bonne, Marie.

Oh! quelle est bonne, Marie!
De tous les pauvres mortels
Elle est la Mère chérie :
Venez donc à ses autels.
Jésus même nous l'ordonne :
Jésus pour Mère nous la donne !
   Marie! oh! qu'elle est bonne !

Oh! qu'elle est bonne, Marie!
Même des pauvres pécheurs
Elle aime l'âme flétrie;
Elle guérit tous les cœurs.
C'est elle qui nous pardonne;
Elle ne délaisse personne.
   Marie! oh! qu'elle est bonne !

Oh! qu'elle est bonne, Marie!
Elle me porte en ses bras,
Et vers la belle patrie
Elle dirige mes pas.
Si contre moi le ciel tonne,
Elle se montre ma patronne.
   Marie! oh! qu'elle est bonne !

Oh! qu'elle est bonne, Marie!
Un seul regard de ses yeux
Aux pécheurs donne la vie
Et leur assure les cieux.
Elle nous prépare un trône,
Elle nous tresse une couronne!
   Marie! oh! qu'elle est bonne !

Clémence et charité de Marie.

Qu'elle est bonne, Marie !
C'est la paix, c'est la vie :
Pour l'âme qui la prie,
    C'est le bonheur !

C'est la Vierge bénie,
La Mère du Sauveur,
L'espérance chérie
Qui berce la douleur.

Des anges l'harmonie
N'a pas tant de douceur
Que la parole amie
Qu'elle adresse au pécheur.

O clémence infinie !
Dans ses mains le Seigneur
Dépose l'ambroisie
Que recèle son cœur.

Près d'elle, âme flétrie,
Déplore ta langueur,
Et tu seras remplie
De céleste ferveur.

Heureux qui s'humilie,
Frappé de sa splendeur :
Jamais elle n'oublie
Son humble serviteur.

Oh! quelle est grande!

Oh! quelle est grande, Marie!
Elle est Reine et Mère à la fois.
Dans la céleste patrie
Tout doit obéir à sa voix.
C'est une Mère qui demande,
C'est une Reine qui commande.
Marie! ah! qu'elle est grande!

Oh! qu'elle est grande, Marie!
Du haut de son trône immortel!
Quand la Reine des anges prie,
Tout doit s'incliner dans le ciel.
Dieu veut tout ce qu'elle demande,
Dieu fait tout ce qu'elle commande.
Marie! ah! qu'elle est grande!

Oh! qu'elle est grande, Marie!
Mais elle abaisse sa grandeur,
Et comme une Mère chérie,
Elle veut nous donner son cœur.
Et puis elle ne nous demande
Qu'un peu d'amour pour toute offrande.
Marie! ah! qu'elle est grande!

Souvenez - vous.

CHOEUR.

Souvenez-vous, ô tendre Mère
Qu'on n'eut jamais recours à vous
Sans voir exaucer sa prière,
Et dans ce jour exaucez-nous !

Des siècles écoulés j'interroge l'histoire :
Pour dire ses bienfaits ils n'ont tous qu'une voix.
Verrais-je en un seul jour s'obscurcir tant de gloire?
L'invoquerais-je en vain pour la première fois?

Marie, aux vœux de tous prêta toujours l'oreille.
Le juste est son enfant, il peut tout sur son cœur;
Mais, auprès du pécheur, jour et nuit elle veille :
Il est son fils aussi, l'enfant de sa douleur !...

Et moi, de mes péchés traînant la longue chaîne,
Vierge sainte, à vos pieds j'implore mon pardon :
Me voici tout tremblant, et je n'ose qu'à peine
Lever les yeux vers vous, prononcer votre nom.

Mais quoi ! je sens mon cœur s'ouvrir à l'espérance ;
Il retrouve la paix, il palpite d'amour ;
Je n'ai pas vainement imploré sa clémence,
La Mère de Jésus est ma Mère en ce jour.

Mes vœux sont exaucés, puisque j'aime ma Mère,
Et que d'un feu si doux je me sens enflammé ;
Je dirai donc aussi que malgré ma misère,
Son cœur m'a répondu quand je l'ai réclamé.

Je n'ai plus qu'un désir à former sur la terre :
O ma Mère, mettez le comble à vos bienfaits !
Que j'expire à vos pieds et dans ce sanctuaire,
Si je ne dois au ciel vous aimer à jamais !

Prière à Marie.

Souvenez-vous, Marie, ô tendre Mère !
Que mille fois je vous donnai mon cœur ;
Vous le savez, votre enfant sur la terre
N'a qu'un désir : votre amour, votre honneur.
Ah ! prêtez-moi votre appui tutélaire ;
Accueillez et mes vœux et mes chants de bonheur.

CHOEUR.

A Marie
Si chérie
J'ai donné mon amour ;
Je veux plaire
A ma Mère
Et l'aimer sans retour.

Souvenez-vous que dès ma tendre enfance
Ma mère vint vous offrir mon berceau ;
Vierge Marie, ah ! gardez souvenance
De cet instant, de mes jours le plus beau :
Ce don sacré de la reconnaissance,
Heureux, je viens aussi vous l'offrir de nouveau.

Souvenez-vous de ce jour d'allégresse
Où mon Sauveur, Jésus, le Roi des rois,
D'un pauvre enfant oubliant la bassesse,
Vint en mon cœur pour la première fois :
Ivre d'amour je vous fis la promesse
De le chérir toujours, docile à votre voix !

Confiance en Marie.

Je mets ma confiance,
Vierge, en votre secours;
Servez-moi de défense,
Prenez soin de mes jours;
Et quand ma dernière heure
Viendra fixer mon sort,
Obtenez que je meure
De la plus sainte mort.

A votre bienveillance,
O Vierge, j'ai recours;
Soyez mon assistance
En tous lieux et toujours;
Vous-même êtes ma Mère,
Jésus est votre Fils;
Portez-lui la prière
De vos enfants chéris.

Sainte Vierge Marie,
Asile des pécheurs,
Prenez part, je vous prie,
A mes justes frayeurs.
Vous êtes mon refuge :
Votre Fils est mon Roi,
Mais il sera mon juge;
Intercédez pour moi.

Voyez couler mes larmes,
Mère du bel Amour !
Finissez mes alarmes,
Dans ce triste séjour.
Venez rompre ma chaîne,
Je veux aller à vous :
Aimable Souveraine,
Régnez, régnez sur nous !

Confiance en Marie.

Mes ennemis contre moi se déchaînent ;
Pour m'accabler ils redoublent d'efforts ;
Faible, impuissant, vers l'abîme ils m'entraînent :
Reine des cieux, prends pitié de mon sort.

CHOEUR.

Ma mère,
C'est en toi que j'espère,
Ecoute ma prière !
Toi qui vois mes combats,
Défends-moi de ton bras,
Ma mère !

Je suis encor si loin de la patrie !
Sans ton amour comment y parvenir ?
Il n'est pour moi que dangers dans la vie ;
Viens, ô ma Mère, oh ! viens me secourir !

A ton enfant assure la victoire,
Daigne avec lui combattre nuit et jour ;
Et mon salut, mon bonheur et ma gloire,
Je les devrai, ma Mère, à ton amour.

Marie, Étoile de la mer.

CHOEUR.

Au secours, Vierge Marie,
Viens sauver mes jours !
C'est ton enfant qui t'en supplie;
Vierge Marie,
Sauve mes jours !

O Mère pleine de tendresse,
Vers toi les pauvres matelots
Lèvent les yeux dans la détresse,
Et soudain tu calmes les flots.

Egaré sur la mer du monde,
Mon esquif vogue loin du port;
En écueils elle est si féconde;
Hélas! quel sera donc mon sort?

Parais, Etoile salutaire!
Chasse les ombres de la mort.
Que ta bienfaisante lumière
Me montre le chemin du port.

Tu le vois, ma frêle nacelle
Est le jouet de l'ouragan;
Marie, étends sur moi ton aile;
Sauve-moi, je suis ton enfant!

Il m'en souvient, Vierge si bonne,
Mille fois tu sauvas mes jours;
N'entends-tu pas, la foudre tonne,
Au secours! Marie, au secours!...

Sub tuum.

CHOEUR.

A mon secours!
Vierge Marie,
Mère chérie,
Venez vite, venez toujours
A mon secours!

Voyez dans quel abîme
Je suis près de tomber;
Malheureuse victime,
Ah! je vais succomber
Sous le poids de mon crime!

Le lis de l'innocence
Est tombé de ma main;
La divine espérance
S'échappe de mon sein,
O Mère de clémence!

L'enfer qui m'environne
Me glace de terreur....
Ma force m'abandonne....
Serait-il donc vainqueur?
Non, vous êtes trop bonne!

Non, non, je ne puis croire
Que l'enfer frémissant
Remporte la victoire....
Il vivra votre enfant;
Vous en aurez la gloire.

O Reine de la terre,
Souveraine des cieux,
Tout aime, tout révère
Votre nom glorieux,
O Marie, ô ma Mère!

Paix et Amour.

Je possède la paix, j'ai choisi pour asile
    Vos autels, ô Dieu des vertus !
Si près de votre cœur que le mien est tranquille !
    Mon Dieu, je ne vous quitte plus.

Vous avez dit un jour : J'aime celui qui m'aime,
    Je ferai ma demeure en lui.
Habitez donc en moi, vous, mon bonheur suprême,
    Mon espérance et mon appui.

A d'autres les plaisirs d'un monde périssable
    Suivis de regrets et de pleurs!
Seul vous êtes pour moi la source intarissable,
    L'océan des pures douceurs.

Au mondain ce qui passe, à moi ce qui demeure,
    A moi le Seigneur jour et nuit...
Anges, applaudissez; ma part est la meilleure.
    Qui me séparera de lui?...

Fidèle compagnon de mon pèlerinage,
    Dieu d'amour et de charité,
Sur terre comme au ciel, soyez mon héritage
    Pendant toute l'éternité !

Marie me protége.

CHOEUR.

Oh! que je suis heureux près de ma tendre Mère!
Près d'elle un jour entier n'est pour moi qu'un instant;
Ailleurs je n'ai trouvé qu'un bonheur éphémère :
Là, c'est la paix du ciel, c'est un bonheur constant.

Elle est l'appui de la débile enfance,
Elle est l'asile sûr qui l'arrache aux malheurs,
Et par ses soins le lis de l'innocence
Epanouit en paix ses blanches fleurs.

De l'affligé c'est la douce espérance :
C'est elle qui guérit ses cuisantes douleurs.
Quand on l'implore au jour de la souffrance,
Marie accourt et sèche tous les pleurs.

Dans les dangers elle nous encourage
Et vient nous secourir au milieu des combats;
Quand l'ennemi nous poursuit de sa rage,
Elle nous offre un asile en ses bras.

Mère de la divine Grâce.

CHOEUR.

Donnez toujours, Mère de grâce,
Puissante Reine des élus !
Tout don du ciel par vos mains passe,
Faites-nous riches de vertus.

Vous êtes l'aimable Maîtresse
Des trésors du souverain Roi :
Vous dispensez avec sagesse
L'amour, l'espérance et la foi.
De vos largesses, ô Marie,
De votre ardente charité,
Jamais la source n'a tarie,
Cette source est l'immensité.

Souvenez-vous des jeunes vierges
Dont les mains parent vos autels
De lis, de roses et de cierges,
Quand viennent les jours solennels.
Versez l'huile avec vigilance
Dans leur lampe soir et matin ;
Sans votre constante assistance
Sa clarté pâlit et s'éteint.

A notre terre infortunée
Donnez sans cesse un souvenir.
L'éternel vous a destinée
A la garder, à la bénir.
Vous êtes bonne, riche et grande ;
A vos biens nous avons recours ;
Que le pauvre qui vous demande,
O Vierge, reçoive toujours !

Recours à Marie.

CHOEUR.

Reine d'espérance,
Sois mon assurance,
　Sois mes amours
　Toujours, toujours.

Trésor de justice,
Ornement du ciel,
Tendre protectrice
Du faible mortel.
O divine Mère,
A mon cœur si chère
　Toujours, toujours.

La nature entière
Docile à ta voix,
Les cieux et la terre
Soumis à tes lois,
Chantent ta mémoire,
Ta brillante gloire
　Toujours, toujours.

Sur l'onde en furie
Vois le matelot,
Sauve-lui la vie
En calmant les flots,
Dissipe l'orage,
Détourne sa rage
　Toujours, toujours.

Chant de saint Casimir.

Reine des cieux,
Jette les yeux
Sur ce béni sanctuaire;
Et des pécheurs
Guéris les cœurs,
Et montre-toi notre Mère.

Entends nos vœux,
Rends-nous heureux
En nous donnant la victoire;
Et pour jamais
De tes bienfaits
Nous garderons la mémoire.

Mets en nos cœurs
Les belles fleurs,
Symboles de l'innocence;
Conserve-nous
Les dons si doux
De foi, d'amour, d'espérance.

Astre des mers,
Des flots amers
Calme la vague écumante;
Chasse la mort,
Et mène au port
Notre nacelle tremblante.

Accorde-nous
De t'aimer tous
Dans la céleste patrie,
Et d'y fêter
Et d'y chanter
L'aimable nom de Marie!

Marie notre consolation.

CHOEUR.

Tendre Marie,
Mère chérie,
O vrai bonheur
Du cœur !
Ma tendre Mère,
En toi j'espère :
Sois mes amours
Toujours !

Tout ce qui souffre sur la terre
En toi trouve un puissant secours :
Ton cœur entend notre prière,
Et ton cœur nous répond toujours.

Tu nous consoles dans nos peines,
Tu viens à nous dans l'abandon ;
Du pécheur tu brises les chaînes
Et tu lui donnes le pardon.

Ta douce main sèche nos larmes :
Ton nom si doux guérit nos maux,
Et nous trouvons encor des charmes
A te prier sur des tombeaux:

Tu viens consoler ceux qui pleurent,
Et tu prends soins des malheureux ;
Tu viens visiter ceux qui meurent,
Et tu les portes dans les cieux.

C'est toi qui gardes l'innocence
Dans l'âme des petits enfants :
C'est toi qui gardes l'espérance
Dans les cœurs flétris par les ans.

Vierge, montre-toi notre Mère.

Vierge sainte, rose vermeille,
Toi dont nous aimons les autels,
Du haut des cieux prête l'oreille
A nos cantiques solennels.
Tu sais que nous voulons te plaire,
T'aimer, te bénir tous les jours ;
Vierge, montre-toi notre Mère,
    Toujours ! toujours ! toujours !

Celui qu'écrasa ta puissance
Veille à la porte de nos cœurs ;
Et pour nous ravir l'innocence,
Sous nos pas il sème des fleurs.
Nous pourrions, ingrats, te déplaire,
Toi qui nous combles de bienfaits !
Nous t'oublier, auguste Mère !
    Jamais ! jamais ! jamais !

Du mondain si l'indifférence
D'amertume abreuve ton cœur,
Lors même que dans ta clémence
Tu tends les bras à son malheur ;
Nous, du moins, nous voulons te plaire,
T'aimer, te bénir tous les jours.
Vierge, montre-toi notre Mère,
    Toujours ! toujours, toujours !

DEUXIÈME PARTIE

CHANTS DIVERS

Au Saint-Esprit.

Venez, Créateur de nos âmes,
Esprit-Saint qui nous animez;
Brûlez de vos célestes flammes
Les cœurs que vous avez formés.

Visitez-nous, Dieu de lumière,
Source de paix et de bonheur,
Don du Très-Haut, feu salutaire,
Charmes de l'esprit et du cœur.

Venez! par un rayon propice,
Daignez nous dessiller les yeux;
Venez nous dégager du vice
Et nous embraser de vos feux.

Ne souffrez pas que la mollesse
Nous fasse tomber en langueur,
Et soutenez notre faiblesse
En nous accordant la ferveur.

Domptez les fureurs tyranniques
De l'enfer armé contre nous;
De nos ennemis domestiques
Arrêtez les perfides coups.

Faites que, triomphant du monde,
Nous méprisions sa vanité,
Et que dans une paix profonde
Nous marchions vers l'éternité.

Faites-nous connaître le Père,
Faites-nous connaître le Fils,
Et vous-même, en qui l'on révère
Le saint nœud qui les tient unis.

———

Au Saint-Esprit.

CHOEUR.

Esprit d'amour, Esprit de flamme,
Venez, venez du haut des cieux ;
Venez, et consumez mon âme,
Embrasez-la de tous vos feux !

Esprit consolateur, exaucez nos prières ;
Entendez nos soupirs, voyez couler nos pleurs....
Et qu'un rayon sacré de vos douces lumières
Renouvelle la terre et change tous les cœurs.

Venez d'abord, venez, Esprit de la *Sagesse*,
Et répandez sur nous vos divines clartés.
Jésus l'a dit, soyez fidèle à sa promesse,
Venez nous enseigner toutes les vérités.

Venez aussi sur nous, Esprit d'*Intelligence*,
Détournez notre cœur du vice et de l'erreur.
Sans vous tous les mortels, plongés dans l'ignorance,
Poursuivent vainement l'image du bonheur !

Sans le don de *Conseil*, tous, hélas ! de la vie
Nous ignorons la route et le nom de la Paix....

Descendez, Esprit-Saint, et notre âme ravie
Malgré le noir enfer, ne s'égare jamais.

Venez, Esprit de *Force*, et notre seule gloire
Avec vous le chrétien affronte le trépas.
Tous ses jours de combat sont des jours de victoire;
Un chrétien peut mourir, mais il ne se rend pas!

—◦◦◇◦◦—

Invocation au Saint-Esprit.

Esprit saint, descendez en nous;
Embrasez notre cœur de vos feux les plus doux.

Sans vous, notre vaine prudence
Ne peut, hélas! que s'égarer.
Ah! dissipez notre ignorance,
Esprit d'intelligence,
Venez nous éclairer.

Esprit saint, descendez en nous;
Embrasez notre cœur de vos feux les plus doux.

Le noir enfer, pour nous livrer la guerre,
Se réunit au monde séducteur;
Tout est pour nous embûches sur la terre:
Soyez, soyez notre libérateur.

Esprit saint, descendez en nous.
Embrasez notre cœur de vos feux les plus doux.

Enseignez-nous la divine sagesse;
Seule elle peut nous conduire au bonheur:
Dans ses sentiers qu'heureuse est la jeunesse!
Qu'heureuse est la vieillesse!

Esprit saint, descendez en nous;
Embrasez notre cœur de vos feux les plus doux.

Avent.

CHOEUR.

Venez, divin Messie,
Sauvez nos jours infortunés;
Venez, source de vie,
Venez, venez, venez.

Ah! descendez, hâtez vos pas,
Sauvez les hommes du trépas;
Secourez-nous, ne tardez pas.
Venez, divin Messie,
Sauvez nos jours infortunés;
Venez, source de vie,
Venez, venez, venez.

Ah! désarmez votre courroux,
Nous soupirons à vos genoux;
Seigneur, nous n'espérons qu'en vous.
Pour nous faire la guerre
Tous les enfers sont déchaînés;
Descendez sur la terre,
Venez, venez, venez.

Ah! puissions-nous chanter un jour,
Dans votre bienheureuse cour,
Et votre gloire et votre amour!
C'est là l'heureux partage
De ceux que vous prédestinez;
Donnez-nous-en le gage,
Venez, venez, venez.

Adeste fideles.

Venez, peuple fidèle,
Au berceau du Sauveur.
A ses pieds son amour nous appelle;
Allons tous adorer le Seigneur!

Venez, le Roi des anges
Est né dans la douleur :
Portons-lui nos cœurs et nos louanges,
Allons tous adorer le Seigneur!

Tous les bergers s'empressent
D'aller lui rendre honneur :
A la crêche ils courent, ils se pressent.
Allons tous adorer le Seigneur!

Allons avec tendresse,
Allons sur notre cœur
Réchauffer un Dieu dans la détresse!
Allons tous adorer le Seigneur!

Voilà comme il nous aime,
Sans craindre la douleur!
Qui pourrait ne l'aimer pas de même?
Allons tous adorer le Seigneur!

Les Anges à la naissance de Jésus.

Les anges dans nos campagnes
Ont entonné l'hymne des cieux,
Et l'écho de nos montagnes
Redit ce chant mélodieux :
Gloria in excelsis Deo !

Bergers, pour qui cette fête?
Quel est l'objet de tous ces chants?
Quel vainqueur, quelle conquête,
Méritent ces cris triomphants ?
Gloria in excelsis Deo !

Ils annoncent la naissance
Du Libérateur d'Israël,
Et pleins de reconnaissance,
Chantent en ce jour solennel :
Gloria in excelsis Deo !

Allons tous de compagnie,
Sous l'humble toit qu'il a choisi,
Voir l'adorable Messie,
A qui nous chanterons aussi :
Gloria in excelsis Deo !

Toujours remplis du mystère
Qu'opère aujourd'hui votre amour,
Notre devoir sur la terre
Sera de chanter chaque jour :
Gloria in excelsis Deo !

Dociles à leur exemple,
Seigneur, nous viendrons désormais
Au milieu de votre temple
Chanter avec eux vos bienfaits.
Gloria in excelsis Deo !

Prière d'un Enfant devant la crèche.

Aujourd'hui les Anges,
Du ciel descendus,
Chantent tes louanges,
Saint Enfant Jésus !
Je voudrais te dire,
Moi petit agneau,
L'amour que m'inspire
Ton humble berceau.

Ange tutélaire
Du petit enfant !
Des oiseaux sans mère
Gardien vigilant !
O céleste guide,
N'est-ce pas ta main,
De l'agneau timide,
Qui calme la faim ?

Pour toi la fauvette
Gazouille en son nid,
L'humble violette
Au gazon sourit.
Fais que rien n'empêche
Qu'au lieu d'une fleur,
Au pied de ta crèche
J'apporte mon cœur.

Soigne de ta vigne
Le rameau naissant :
Rends-moi surtout digne
D'être ton enfant.
Que ta main me donne,
O mon bon Jésus,
Un jour la couronne
Parmi les élus !

Chant de Noël.

CHOEUR.

Gloire aux cieux, et paix à la terre!
Notre Sauveur est né :
C'est notre roi, c'est notre frère;
Le Fils de Dieu nous est donné.

Il est né dans l'humble chaumière,
Du monde le divin Auteur !
Il est né sur la froide pierre,
Dans l'indigence et la douleur.

Vous qui travaillez dès l'aurore,
Vous qui portez le poids du jour,
Venez, que votre cœur l'adore !
Il vous appelle avec amour.

Sa bonté pèse chaque obole
Que nous donnons aux malheureux;
Il recueille chaque parole
De l'ami tendre et généreux.

Offrons nos vœux et nos prières
A l'Enfant qui nous sauve tous!
Soyons humbles, doux et sincères,
Si nous voulons qu'il naisse en nous.

Noël?

1er SOLO.

Heureux pasteurs, ah! dites nous
Qu'avez-vous vu, dans cette étable?
— Un bel enfant, charmant et doux,
Qui nous disait, d'un air aimable :
Je suis venu sauver vos âmes
De l'éternel séjour des flammes.
Chantons, enfants des saints prophètes,
C'est la plus belle de nos fêtes.
Entonnons un joyeux Noël,
Noël! Noël! Noël! Noël!

2me SOLO.

Mais auprès de l'Enfant Jésus,
Pasteurs, ne vîtes-vous personne?
— Oui bien vraiment, nos cœurs émus,
Ont contemplé l'humble Madone
L'Enfant disait, montrant sa Mère :
J'accorde tout à sa prière
Chantons, enfants des saints prophètes,
C'est la plus belle de nos fêtes.
Entonnons un joyeux Noël,
Noël! Noël! Noël! Noël!

—o ⁂ oo—

Noël!

CHOEUR.

Noël, c'est la nuit la plus belle !
Une grande nouvelle
Nous vient du ciel
Noël, l'aimable fête
Que la foule heureuse répète : — Noël !

Ecoutez ces saintes phalanges,
Au haut des airs ;
Oh ! que disent tous ces beaux Anges
Dans leurs concerts ?
Il est né l'Enfant de lumière
L'Emmanuël
Qui donne la paix à la terre
La gloire au ciel.

Soudain, de la nature immense
Les mille voix
Montent et chantent la naissance
Du Roi des rois.
Dans leurs vieux tombeaux les prophètes
L'ont reconnu,
Et disent en levant leurs têtes :
« Il est venu ! »

Dépouillons le voile funèbre
De la douleur !
Il est venu ! que tout célèbre
Notre bonheur :
Ecartant les tristes nuages
Du souvenir,
Saluons les douces images
De l'avenir !

Bethléem.

O Roi de la nature,
Nous tombons à genoux,
Devant la crèche obscure,
Où vous naissez pour nous.

Entendez-vous dans la nuit solennelle,
Un chant du ciel qui parle d'un berceau !
Heureux pasteurs ! un ange vous appelle,
Laissez à Dieu la garde du troupeau.
Car la nouvelle à nos cœurs révélée
Annonce au monde une ère de bonheur,
Allez ensemble au fond de la vallée :
Là sous le chaume est né votre Sauveur !

Les indigents que le monde méprise,
L'Enfant divin les veut auprès de lui ;
Le cœur saignant, que la souffrance brise,
Trouve en son cœur son baume et son appui,
Il est venu prendre part à nos peines,
Offrir à tous le bonheur éternel ;
Il se revet des misères humaines
Pour nous vêtir de la gloire du ciel.

O Bethléem, étable, dure crèche,
Langes d'emprunt qui couvrent mon Jésus,
Pauvres pasteurs, nuit froide... tout nous prêche
La sainte loi des plus humbles vertus !
Adieu la gloire, et le bruit de la foule,
Adieu l'amour des plaisirs et de l'or !
Lorsqu'à ses pieds notre Sauveur les foule,
Pourrai-je, moi, les envier encor ?

L'Epiphanie.

L'étoile a brillé sur nos têtes,
Allons tous au berceau sacré.
O jour d'amour! ô jour de fêtes!
Jésus veut bien être adoré.
Enfant, le voilà dans les langes,
Nous révélant son cœur divin;
Il nous reçoit avec les anges
Pour nous mériter leur destin.

CHOEUR.

O Jésus, notre Dieu d'amour,
Nos cœurs sont à vous sans retour!

Contemplez sa beauté céleste :
Rois et bergers, approchez tous;
De sa gloire il ne manifeste
Qu'un rayon qui brille pour vous,
Il est petit, et sur la terre
Comme nous il répand des pleurs.
Aujourd'hui le lait d'une mère,
Demain la coupe des douleurs.

Mais la foi, lumière profonde,
Vous dit : C'est lui, c'est le Sauveur
C'est la vie et l'espoir du monde,
C'est le Christ, c'est le Créateur.
Il vient réparer son ouvrage.
Son cœur nous donne le pardon,
Et de notre triste esclavage
Son sang va payer la rançon.

O Tige sainte et solitaire,
Grandissez! ô Lis d'Israël,
De la Crêche allez au Calvaire
Pour sceller le pacte immortel.
Sublime Enfant, grâce divine,
Quel cantique est digne de vous?
Le cœur aime, le front s'incline,
D'un seul regard bénissez-nous!

L'Epiphanie.

De nouveaux feux le ciel se pare ;
Un céleste et brillant flambeau
Vient, au genre humain qui s'égare,
Découvrir un chemin nouveau.
Des rois, en suivant les indices,
A Jésus apportent leurs vœux ;
Mais ces rois étaient nos prémices,
Et Jésus nous appelle en eux.

Déjà l'amour qui le fit naître,
Par les maux du monde excité,
Brûle de le faire connaître
A l'aveugle gentilité.
Le Dieu Sauveur se manifeste ;
Sa gloire éclate dans les cieux,
Et dissipe l'erreur funeste
Qui produisit tant de faux dieux.

Enfant adoré par les mages,
Enfant des démons la terreur,
Recevez mes humbles hommages :
Vous connaître est le vrai bonheur.
Si je suis enfant de l'Eglise,
Je le dois à votre bonté.
Que votre grâce me conduise
A vous voir dans l'éternité !

Passion de Jésus-Christ.

Au sang qu'un Dieu va répandre,
Ah! mêlez du moins vos pleurs,
Chrétiens, qui venez entendre
Le récit de ses douleurs.
Puisque c'est pour vos offenses
Que ce Dieu souffre aujourd'hui,
Animés par ses souffrances
Vivez et mourez pour lui.

Dans un jardin solitaire
Il sent de rudes combats;
Il prie, il craint, il espère;
Son cœur veut et ne veut pas :
Tantôt la crainte est plus forte,
Tantôt l'amour est plus fort;
Mais enfin l'amour l'emporte
Et lui fait choisir la mort.

Ils le traînent au grand-prêtre
Qui seconde leur fureur,
Et ne veut le reconnaître
Que pour un blasphémateur.
Quand il jugera la terre,
Ce Sauveur aura son tour;
Aux éclats de son tonnerre
Tu le connaîtras un jour.

Une couronne cruelle
Perce son auguste front :
A ce chef, à ce modèle,
Mondains, vous faites affront.

Il languit dans les supplices;
C'est un homme de douleurs :
Vous vivez dans les délices,
Vous vous couronnez de fleurs!

Il marche, il monte au Calvaire,
Chargé d'un infâme bois.
De là, comme d'une chaire,
Il fait entendre sa voix.
Ciel, dérobe à ta vengeance
Ceux qui m'osent outrager.
C'est ainsi, quand on l'offense,
Qu'un chrétien doit se venger.

Il expire, et la nature
Dans lui pleure son Auteur.
Il n'est point de créature
Qui ne marque sa douleur.
Un spectacle si terrible
Ne pourra-t-il me toucher,
Et serais-je moins sensible
Que n'est le plus dur rocher?

—o◇o—

La Résurrection.

Jésus paraît en vainqueur.
Sa bonté, sa douceur
Est égale à sa grandeur :
Jésus paraît en vainqueur.
En ce jour donnons-lui notre cœur.
Malgré nos forfaits,

Ses dons, ses bienfaits,
Ses divins attraits
Ne nous parlent que de paix.
Pleurons nos forfaits,
Chantons ses bienfaits,
Rendons-nous à ses divins attraits.

Que tout éclate en concerts !
Jésus brise les fers
De la mort et des enfers.
Que tout éclate en concerts !
Que son nom réjouisse les airs !
Par un libre choix,
Quoi ! le Roi des rois
A dû, par sa croix,
Au ciel acquérir ses droits !
Embrassons la croix ;
Que ce libre choix
Au ciel assure à jamais nos droits !

Je vois la mort sans effroi :
Mon Sauveur et mon Roi
En a triomphé pour moi.
Je vois la mort sans effroi,
Ce mystère est l'appui de ma foi.
Ah ! si son amour
N'a jusqu'à ce jour
Trouvé nul retour
Dans ce terrestre séjour ;
Du moins en ce jour,
Cet excès d'amour
Sera payé d'un juste retour.

L'Ascension.

CHOEUR.

O Sion ! séjour de délices,
Dans l'exil où je languis
Je goûte déjà les prémices
Du bonheur qui me fut promis.

Quelles ravissantes merveilles,
Quels délicieux concerts
Frappent mes yeux et mes oreilles !
Les cieux sont-ils entr'ouverts ?

Le flambeau de la foi m'éclaire,
Et sa divine clarté
Me fait pénétrer le mystère
De la céleste Cité.

Du Très-Haut j'aborde le trône ;
Les élus forment sa cour ;
Le vif éclat qui l'environne
Fait pâlir l'astre du jour.

Puissance, amour, intelligence,
Ineffable Trinité,
En vous réside l'espérance
De notre félicité.

Je sens qu'un feu divin m'embrase,
Le monde n'est rien pour moi,
Et mon âme, dans son extase,
Attend la mort sans effroi.

Le Ciel est ma patrie.

CHOEUR.

Le Ciel est ma patrie ;
Je suis du peuple des élus :
Mon frère s'appelle Jésus,
Et ma mère, Marie.

Quoi ! le nom de Marie est le nom de ta Mère ?
Jeune enfant, c'est au ciel que tu reçus le jour ?
A quel titre oses-tu nommer Jésus ton frère ?
Qui t'inspire ces chants d'espérance et d'amour ?

— Ecoutez un enfant : Un livre qu'on vénère,
Où Dieu parle lui-même et nous donne sa loi,
De ma noble origine éclaircit le mystère.
Un jour j'y lus ces mots : Mon fils, console-toi.

Oui, Jésus se plaisait à m'appeler son frère ;
Sa Mère souriait et me nommait son fils ;
Qu'ils n'aimaient tous les deux !!!... Voyez-vous ce
[Calvaire,
Il vous apprend lui seul à quel titre je dis :

Avant de consommer son douloureux mystère,
· voulut me faire un don digne de lui :
N'ayant plus d'autre bien, il me donna sa Mère !
Voilà, voilà pourquoi je répète aujourd'hui :

Ah ! quand viendra le jour où loin de cette terre,

Aussi moi vers le ciel je prendrai mon essor !
Jour heureux, hâte-toi ! viens m'unir à ma Mère !
Viens m'unir à Jésus, et qu'auprès d'eux encor

Chœur final.

Je chante en ma patrie;
Je suis du peuple des élus :
Mon frère s'appelle Jésus,
Et ma mère, Marie.

Le saint Nom de Jésus.

Vive Jésus ! c'est le cri de mon âme,
Vive Jésus, le Maître des vertus !
Aimable Nom, quand ma voix te proclame,
Mon cœur palpite, et s'échauffe, et s'enflamme.
Vive Jésus !

Vive Jésus ! c'est le cri qui rallie
Sous ses drapeaux le peuple des élus.
Suivre Jésus, c'est aussi mon envie;
Suivre Jésus, c'est mon bien, c'est ma vie.
Vive Jésus !

Vive Jésus ! ce cri-là me console
Lorsque de moi le monde ne veut plus.
Adieu, lui dis-je, adieu, monde frivole,
Bien insensé qui pour toi se désole !
Vive Jésus !

Vive Jésus! c'est un cri d'espérance
Pour les pécheurs repentants et confus;
Sur eux du Ciel attirant la clémence,
Ce Nom sacré soutient leur pénitence.
Vive Jésus!

Vive Jésus! c'est le cri de victoire
Qui retentit au séjour des élus.
De leurs combats consacrant la mémoire,
Ce Nom puissant éternise leur gloire.
Vive Jésus!

—o§o—

Le Pain vivant.

CHOEUR.

Pain vivant, pain de la patrie,
De désir et d'amour mon cœur est consumé;
Ne tardez plus, Jésus, mon bien-aimé,
Venez, venez, source de vie.

Rien ne me satisfait dans ce vaste univers,
Le monde à mon amour n'est qu'une terre aride,
J'ai soif du vrai bonheur, et son calice est vide.
Ah! qui me nourrira dans ces tristes déserts?

Qu'il est long mon exil! ah! quand viendra le jour
Où brisant les liens qui la tiennent captive,
Mon âme ira, Seigneur, à vos torrents d'eau vive,
S'enivrer et goûter les douceurs de l'amour?

—o§o—

Action de Grâces.

Mon âme, ah! que rendre au Seigneur
Pour les bienfaits de sa tendresse,
Pour cet amour plein de douceur
Dont il entoure ta faiblesse?
Du ciel il quitte la splendeur
Pour visiter ton indigence.
Bis. Il vient alléger ta souffrance.
Mon âme, ah! que rendre au Seigneur?

Tandis que du plus haut des cieux,
Sur toi veille sa providence,
Il veut encor dans ces saints lieux
Te protéger par sa présence.
Il ne suffit pas à son cœur,
Ce regard déjà plein de charmes.
Bis. Lui-même il vient sécher tes larmes.
Mon âme, ah! que rendre au Seigneur?

Il veut bien le divin Sauveur,
Par une tendresse admirable,
Presser le pauvre, le pécheur
De venir s'asseoir à sa table
Là du sang de son sacré Cœur
Il présente le doux breuvage.
Bis. Son amour peut-il davantage.
Mon âme, ah! que rendre au Seigneur?

Les saints Anges.

Immortelle Sion, de ton auguste enceinte,
Ouvre à nos yeux ravis la gloire et la grandeur,
Montre-nous du Très-Haut l'éternelle splendeur
Et la céleste cour de sa majesté sainte.

CHOEUR.

Venez, illustres chœurs des Esprits bienheureux,
Répéter à jamais sur vos lyres sublimes,
Votre triomphe glorieux
Sur l'ange des abîmes.

Déjà je vois Michel, plus brillant que l'aurore,
Qui, le glaive à la main précipite aux enfers,
Comme un foudre lancé dans le vague des airs,
Cet archange orgueilleux que l'univers abhorre.

Là, je vois Gabriel, qui d'une Vierge-Mère,
Le premier révéra la gloire et le bonheur.
A sa voix descendit l'Homme-Dieu, le Sauveur,
Qui du joug infernal vint affranchir la terre.

Là, je vois Raphaël, dont le bras tutélaire,
Du bras du Tout-Puissant emprunte sa vigueur.
Il saisit le démon, il dompte sa fureur,
Et sur nos maux applique un baume salutaire.

Les saints Anges.

Devant vous, Esprits angéliques,
En chœur nous venons à genoux
Redire dans nos saints cantiques :
O saints Anges, priez pour nous!

Vous dont les lèvres enflammées
Répètent ce refrain si doux :
Saint, Saint, Saint, le Dieu des armées,
O saints Anges, priez pour nous!

Vous qui contemplez, pleins d'ivresse,
Jésus sur l'autel, devant vous,
Pour nous immolé par tendresse,
O saints Anges, priez pour nous!

Vous qui d'un banquet ineffable
Serviteurs saintement jaloux,
Nous guidez à la sainte Table,
O saints Anges, priez pour nous !

Vous qui, du Dieu de la clémence,
Fait homme pour nous sauver tous,
Avez révélé la naissance,
O saints Anges, priez pour nous!

Vous qui paraîtrez avec gloire
Quand Dieu viendra nous juger tous,
Vous qui chanterez sa victoire,
O saints Anges, priez pour nous!

Vous qui chantez notre Patronne,
Du haut des cieux offrant à tous
Des vainqueurs la belle couronne,
O saints Anges, priez pour nous!

L'Ange Gardien.

Ange fidèle
Dont la tutelle
Me rend heureux,
Ange des cieux,
Je t'en supplie,
Ecoute, écoute mes accents,
Offre à Marie
Mes transports, mes vœux et mes chants.

CHOEUR.

Je ne puis dire
Ce que le cœur m'inspire ;
Je l'aime tant !
Saint protecteur, dis à ma Mère
Les soupirs de son enfant.

Vois de mon âme
La vive flamme,
Ange divin !
Et de ta main
Douce et bénie
Recueille mes tendres soupirs ;
Porte à Marie
Et mes souhaits et mes désirs.

Dis à ma Mère
Que sur la terre
Tout mon bonheur
Est dans son cœur ;

Elle est ma vie
Et mon bonheur, et mon espoir.
Dis à Marie
Qu'il me tarde bien de la voir.

Viens sur ton aile,
Ange fidèle,
Prendre mon cœur !
Saint protecteur,
Je t'en supplie,
C'est le plus ardent de mes vœux.
Près de Marie
Place-moi bientôt dans les cieux !

—∘⋖⋗∘—

L'Ange Gardien.

CHOEUR.

Ange de Dieu, souris à ma prière
Et prends ton vol pour la porter aux cieux :
Fidèle ami que m'a donné mon Père,
Fais qu'il daigne écouter mes vœux.

De ce monde importun, qui s'agite et murmure,
Ecarte loin de moi la confuse rumeur :
Quand le calme des nuits descend sur la nature,
Fais régner la paix dans mon cœur !
Céleste intelligence,
Défends mon innocence,

Sois ma sécurité ;
O mon gardien fidèle,
Couvre-moi de ton aile,
Et veille à mon côté.

Tel que le jeune enfant, qui sous l'œil de sa mère,
Paisiblement s'endort vers le déclin du jour,
Fais que je goûte en paix un repos salutaire,
Sous la garde de ton amour.
Qu'à mon âme ravie
Ton image chérie
S'offre dans mon sommeil,
Et qu'elle vienne encore
Au lever de l'aurore,
Sourire à mon réveil !

Au pied du saint autel ma prière est finie,
Mais dans mon âme encore conserve la ferveur !
Place, avant mon sommeil, la croix, arbre de vie,
Entre mes bras et sur mon cœur.
Redis-moi de Marie
La clémence infinie,
La gloire et les vertus,
Et, penché sur ma couche,
Recueille de ma bouche
Le doux nom de Jésus.

Chœur final.

Anges de Dieu, souris à ma prière
Et prends ton vol pour la porter aux cieux ;
Puis tu viendras poser sur ma paupière
Ton doigt saint et mystérieux.

L'Ange Gardien.

CHOEUR.

Ange fidèle,
Entends mes vœux ;
Que sur ton aile
Je vole aux cieux !

C'est toi qui gardes l'innocence
Dans l'âme des petits enfants ;
C'est toi qui protéges l'enfance
Contre tant d'ennemis puissants.

Quand un enfant, près de sa mère,
Donne son cœur à Dieu le soir,
C'est toi qui portes sa prière
Là haut dans un bel encensoir.

Si cet enfant rempli de charmes
Tombe un jour malgré ton appui,
Ange saint, tu verses des larmes,
Des larmes amères sur lui.

C'est toi qui sauves la jeunesse
De ses folles illusions ;
C'est toi qui gardes la vieillesse
Contre les sombres passions.

Ange saint, calme la colère
Du Ciel irrité contre nous,
Porte à Jésus notre prière
Et daigne le prier pour nous.

Saint Joseph.

Bénissons saint Joseph, qui fut sur cette terre
Le père nourricier du saint Enfant Jésus.
Ce digne patriarche est aussi notre père,
Ecoutons ses leçons, imitons ses vertus.

> O saint Joseph, notre bon père,
> Notre gardien, notre secours!
> L'enfer nous fait la guerre;
> Prenez soin de nos jours. (*trois fois.*)

Plaçons en saint Joseph une ferme espérance :
Il est l'époux béni de la Reine des cieux ;
Jésus, le Roi des rois, l'a comblé de puissance.
Il peut nous enrichir de bienfaits précieux.
> O saint Joseph! etc.

Amour à saint Joseph, qui règne dans la gloire;
Que nos cœurs dévoués l'aiment jusqu'au trépas!
Par son bras tout puissant, nous aurons la victoire
Sur tous nos ennemis, au plus fort des combats.
> O saint Joseph! etc.

Instruits par saint Joseph, nous aimons la sagesse;
Nous foulons à nos pieds le monde et ses attraits.
En chrétiens, nous disons, dans nos chants d'allé-
[gresse;
Nos cœurs sont à Jésus, à Jésus pour jamais!
> O saint Joseph! etc.

En suivant de Jésus la céleste doctrine,
Nous bravons de l'enfer les tourments et les feux.
Et comme saint Joseph et la Vierge divine,
A la fin de nos jours, nous monterons aux cieux.
> O saint Joseph ! etc.

A saint Joseph.

Noble Epoux de Marie,
Digne objet de nos chants,
Notre cœur t'en supplie,
Veille sur tes enfants.

Le Sauveur sur la terre
Reçut tes soins touchants :
Toi qu'il nomma son père,
Veille sur tes enfants.

Témoin de sa naissance
Et de ses jeunes ans,
Gardien de son enfance,
Veille sur tes enfants.

Au jour de la colère,
Tu ravis aux tyrans
Le Sauveur et sa Mère;
Veille sur tes enfants.

Toi dont l'obéissance,
En ces dangers pressants,
Devint leur providence,
Veille sur tes enfants.

Toi dont la main féconde
A nourri si longtemps
Le Créateur du monde,
Veille sur tes enfants.

Saint Joseph.

Remplis d'une sainte allégresse,
De Marie exaltons l'époux ;
Et puisqu'il partage pour nous
Son amour, sa vive tendresse,
Que dans nos cœurs reconnaissants ,
Son nom s'unisse au nom d'une Mère chérie.
Oui, les vrais enfants de Marie,
Joseph, sont aussi tes enfants.

De sa Mère à ta vigilance
Dieu même confia l'honneur,
Et je vois briller sur ton cœur
Le lis, emblème d'innocence :
C'est la fleur de nos jeunes ans ;
Fais que jamais en nous elle ne soit flétrie.
Souviens-toi qu'enfants de Marie,
Nous sommes aussi tes enfants.

O fidèle dépositaire
Du trésor le plus précieux,
Toi qui sauvas le Roi des cieux
Des fureurs d'un roi de la terre,
Entends nos cris et nous défends
Des traits envenimés de l'enfer en furie.
Souviens-toi qu'enfants de Marie,
Nous sommes aussi tes enfants.

Et puisqu'en ta main paternelle ,
Le Très-Haut mit l'enfant Jésus ,

Céleste Froment des élus,
Gage de la vie éternelle;
Exauce nos désirs ardents;
Que de ce Pain sacré notre âme soit nourrie!
Souviens-toi qu'enfants de Marie,
Nous sommes aussi tes enfants.

Et quand l'heure sera venue,
Où Dieu brisera nos liens,
Accours à notre aide, et soutiens
Notre âme tremblante, éperdue;
Guide alors ses pas chancelants,
Vers l'éternel séjour, vers la sainte patrie.
Souviens-toi qu'enfants de Marie,
Nous sommes aussi tes enfants.

—◦◦⟨∘⟩◦•—

Saint Joseph.

CHOEUR.

Gloire à Joseph, gloire au plus haut des cieux!
Tout à Jésus, tout à Marie,
Près d'eux il a passé sa vie.
Il est mort auprès d'eux.

Il était pauvre alors que sur la terre
Il fut chargé de veiller sur Jésus.
D'un Dieu fait homme il a nourri la Mère.
Joseph était si riche de vertus!
Simple artisan, il a connu la peine,

Et la sueur a coulé de son front.
O pauvres ouvriers qui vivez dans la gêne,
Priez, priez Joseph, il est votre patron.

Joseph est mort sous les yeux de Marie,
Joseph est mort dans les bras de Jésus,
C'est lui qui doit à la fin de la vie,
Nous obtenir la mort des élus.
Dans la souffrance et dans la maladie,
Son nom suffit pour charmer la douleur.
O vous tous qui souffrez au jour de l'agonie,
Priez, priez Joseph, c'est votre protecteur.

O saint Joseph, entendez ma prière,
Ayez pitié de tous les malheureux,
De l'indigent qui souffre sur la terre,
De l'orphelin dont le père est aux cieux.
Ayez pitié de nos pauvres malades,
Ayez pitié de tant d'agonisants.
Conduisez-les vous-même aux célestes arcades,
Priez, priez pour eux, ils sont tous vos enfants.

—◦◦❖◦◦—

Saint Joseph.

Gloire à vous, ô Père admirable,
Que Jésus, si tendre et si doux,
Appela d'un nom ineffable;
O saint Joseph, priez pour nous.

Vous, des vertus parfait modèle,
De la Vierge l'heureux Epoux,

Et toujours son gardien fidèle,
O saint Joseph, priez pour nous.

Des mourants le précieux guide,
Et l'auguste Patron de tous,
Sur eux étendez votre égide,
O saint Joseph, priez pour nous.

O vous qu'aima toujours Marie,
D'un tel sort saintement jaloux,
Nous vous trouvons digne d'envie ;
O saint Joseph, priez pour nous.

Puissions-nous, au pied de son trône,
Lui faire hommage comme à vous
De notre immortelle couronne !
O saint Joseph, priez pour nous.

—◦◦◦◦—

Saint Pierre.

Sors du tombeau, sainte poussière,
Parais à la clarté des cieux ;
Lève-toi du sein de la terre,
Viens accueillir enfin nos vœux,
Jadis, ô Pierre, ta mémoire
Fut sans témoins de tes combats ;
Mais bientôt dans tous les climats
Les chrétiens vont porter et ton nom et ta gloire.

CHOEUR.

Toujours, noble vainqueur, toujours, du haut des
                Notre père   [cieux,
        Sur la terre,

Entends notre prière,
Fixant sur nous tes yeux.
Vois notre âme
Qui s'enflamme
A soupirer son amour et ses vœux.

Généreux guerrier, notre père,
Tu combattis jusqu'au trépas ;
Mais à la fin de ta carrière,
Le ciel couronna tes combats.
Maintenant de pures délices
T'abreuvent près des immortels,
Au lieu que des tourments cruels
Accablent pour jamais l'auteur de tes supplices.

Qu'au souvenir de ton courage
Nos cœurs soient généreux et forts,
Et que le céleste héritage
Récompense aussi nos efforts.
Il faut combattre sur la terre,
Si l'on veut régner dans les cieux ;
Dis-nous, ô héros valeureux,
Si la palme s'obtient lorsque l'on fuit la guerre ?

—⋅∘⟨∘⋅—

Saint Eubert.

Noble apôtre de Lille,
Eubert, saint protecteur,
Verse encor sur la ville
Les trésors de ton cœur.
Que la foi qui chancelle

Ressente tes bienfaits;
Lille, heureuse et fidèle,
Ne t'oubliera jamais.

CHOEUR.

Noble apôtre de Lille,
Eubert, saint protecteur,
Verse encor sur la ville
Les trésors de ton cœur.

Jeune et brûlant de zèle
Pour le peuple païen,
Dans la ville éternelle,
Eubert dit à Fabien :
« O Pontife suprême,
» Bénissez mon désir,
» Vers la Gaule que j'aime,
» Ah! laissez-moi partir! »

Tu pars, bientôt nos pères,
A ton phare éclairés,
Brisent le bois, les pierres
Qu'ils avaient adorés.
Et le Nervien farouche
Accueille aussi ta voix;
La grâce qui le touche
Le soumet à la Croix.

Jaloux de ta conquête,
Les tyrans en ce lieu
Osent trancher la tête
Des serviteurs de Dieu.

Leur sang, source divine,
Fait jaillir des chrétiens,
Et mourir la racine
De l'erreur des païens.

Eubert, le Ciel t'appelle
Et pour toi va s'ouvrir :
Seclin a vu ton zèle,
Il te verra mourir !
Lille, en un jour prospère,
Réclame son trésor,
L'église de Saint-Pierre
Longtemps le garde encor.

Mais l'affreuse tourmente
Aux jours d'impiété,
Vint jeter l'épouvante
Au cœur de la cité.
L'auguste basilique
Tombe sous les marteaux,
Et d'Eubert la relique
Trouve aussi des bourreaux.

Maintenant ton image
Reparaît parmi nous,
Comme un céleste gage
De jours calmes et doux ;
Mais si quelque tempête
Eclatait de nouveau,
Eubert, que ta houlette
Préserve ton troupeau !

Sainte Cécile.

O Patronne des saints cantiques,
Vierge dont les refrains si doux
Ravissent les chœurs angéliques,
O Cécile, priez pour nous.

Votre âme, par son innocence,
Mérita Jésus pour époux.
Du pécheur prenez la défense;
O Cécile, priez pour nous.

Un époux mortel vous réclame;
Mais dans son cœur le Dieu jaloux
Allume une plus pure flamme :
O Cécile, priez pour nous.

Tous deux bientôt d'un juge impie
Affrontent l'aveugle courroux;
En chantant vous quittez la vie.
O Cécile, priez pour nous.

Sur votre tête, au Ciel, repose
La couronne où s'unit pour vous
L'éclat du lis et de la rose :
O Cécile! priez pour nous.

Donnez-nous, ô vierge, ô martyre,
D'être purs et forts comme vous!
A notre amour daignez sourire :
O Cécile, priez pour nous.

Fête d'un saint Protecteur.

Sainte Sion, ouvre nous tes portiques,
Et permets-nous d'entendre tes accords ;
Que nous puissions aux lyres séraphiques
Mêler les chants de nos joyeux transports.

Le voyez-vous [1] sur un trône de gloire ?
Son front est ceint d'un éclat radieux :
Il tient en main la palme de victoire.
Aimable Saint, tu règnes dans les cieux.

Parmi les chœurs des célestes phalanges
Tu chantes près du trône de Jésus :
Nous ici-bas, dans nos chants de louanges,
Nous célébrons ton nom et tes vertus.

Délivre-nous des fureurs de l'orage,
Et qu'au travers des ombres de la mort,
Par ton secours, sans crainte du naufrage,
Nous arrivions jusqu'au céleste port.

⸻ ◇ ⸻

Gloire des Saints dans le ciel.

Chantons les combats et la gloire
Des Saints, nos illustres aïeux :
Ils ont remporté la victoire,
Ils sont couronnés dans les cieux.

[1] *Variantes* : Oh ! voyez-vous Ignace dans sa gloire ?
Oh ! voyez-vous Xavier brillant de gloire ?
Oh ! voyez-vous Louis brillant de gloire ?
Oh ! voyez-vous Stanislas plein de gloire ?

Il n'est plus pour eu   de tristesse,
Plus de soupirs, plu. de douleurs ;
Ils moissonnent dans l'allégresse
Ce qu'ils ont semé dans les pleurs.

Objets des tendres complaisances
De l'Eternel, du Tout-Puissant,
Ses grandeurs sont leurs récompenses,
Son amour est leur aliment.
Le divin Soleil de justice
Toujours échauffe, toujours luit,
Sans que jamais il s'obscurcisse :
C'est dans le ciel un jour sans nuit.

Là, d'une splendeur éternelle
Brillent les Martyrs triomphants,
Et dans une gloire immortelle
Règnent les Confesseurs constants :
Les Vierges offrent leur couronnes,
Les Epoux leur fidélité,
Le riche montre ses aumônes,
Et le pauvre sa piété.

Vous habitez votre patrie,
Et nous errons comme étrangers ;
Votre sort est digne d'envie,
Et le nôtre plein de dangers.
Vous fûtes tout ce que nous sommes,
Au mal exposés comme nous ;
Demandez au Sauveur des hommes
Qu'un jour nous régnions avec vous.

La sainte Communion.

O mon bon Sauveur,
Mon âme vous désire ;
Du fond de mon cœur
Après vous je soupire !

CHOEUR.

Venez, mon Jésus, mon amour !
Mon cœur est à vous sans retour.

Vous m'avez percé
D'un trait de vive flamme.
Vous m'avez blessé
Jusques au fond de l'âme. — Venez....

Venez me guérir,
Médecin charitable ;
Venez me nourrir,
Aliment adorable. — Venez...

Mais, hélas ! Seigneur,
Pour un pécheur insigne
C'est trop de bonheur,
Et je n'en suis pas digne.

CHOEUR.

Pardon, mon Jésus, mon amour !
Mon cœur est à vous sans retour.

A vos saintes lois,
Trop longtemps infidèle,
Ah ! combien de fois
Ne fus-je pas rebelle ? — Pardon...

Je veux désormais
Vous servir avec zèle,
Et je vous promets
D'être toujours fidèle. — Venez...

Sainte Communion.

O toi, divine Hostie,
Présent d'un Dieu Sauveur,
Céleste Eucharistie,
Viens régner dans mon cœur.

Ineffable mystère :
Pour moi, pauvre mortel,
Un Dieu, comme au Calvaire,
S'immole sur l'autel.
Il devient mon partage :
Dans cet heureux moment,
Son sang est mon breuvage,
Sa chair mon aliment.

Le Roi de la nature,
Empressé de s'offrir,
Jusqu'à sa créature
Se hâte d'accourir.
Lui, que le ciel adore,
Il accepte en retour,
Du pécheur qu'il honore,
Un seul soupir d'amour.

Je goûte ta présence,
O Pain délicieux,
Et la douce espérance
M'ouvre déjà les cieux.
Là, brillant de lumière,
Il domine en vainqueur,
Celui que sur la terre
Je reçois dans mon cœur.

La sainte Communion.

Toujours, toujours, ravissante journée,
Où tout le Ciel a passé dans mon sein,
Toujours, toujours ma langue fortunée
Te chantera dans un transport divin.
Brillant matin, délicieuse aurore,
Moments sacrés, et si doux et si courts,
Vous avez fui, non, vous durez encore,
Et pour mon cœur vous durerez toujours.

Toujours, toujours, autel, table de vie,
Cœur de mon Dieu reposant sur mon cœur,
Toujours, toujours en mon âme ravie
Vous régnerez d'un souvenir vainqueur.
J'ai savouré le Pain de la promesse,
J'ai bu le Vin des célestes amours.
Loin, monde impur, ta coupe enchanteresse!
A toi jamais, à mon Jésus, toujours!

Toujours, toujours, Souveraine chérie,
Deux fois ma Mère en ce jour solennel!
Toujours, toujours, de mon âme, ô Marie,
Ah! fais aussi ton trône et ton autel.
Vivre en t'aimant, c'est vivre sans alarmes,
Et mourir, même à la fleur de ses jours,
C'est s'endormir d'un sommeil plein de charmes.
Mourir est doux à qui t'aima toujours.

Toujours, toujours, famille d'innocence,
Enfants lavés au sang pur de l'Agneau,
Toujours, toujours marchons en sa présence
Dans la blancheur du baptême nouveau.
Et quand viendront les jours de la victoire,
Sainte Sion, quand je verrai tes tours,
Mon cri d'exil sera mon cri de gloire,
L'écho du ciel répétera : Toujours!...

Sainte Communion.

Mon Bien-Aimé ne paraît pas encore :
Trop longue nuit dureras-tu toujours ?
  Tardive aurore,
  Hâte ton cours ;
Rends-moi Jésus, ma joie et mes amours,
Mon doux Jésus, que j'aime et que j'implore.

De ton flambeau déjà les étincelles,
Astre du jour, raniment mes désirs :
  Tu renouvelles
  Tous mes soupirs.
Servez mes vœux, avancez mes plaisirs,
Anges du ciel, portez-moi sur vos ailes.

Je t'aperçois, asile redoutable
Où l'Éternel descend de sa grandeur ;
  Temple adorable
  Du Rédempteur,
Si dans tes murs il voile sa splendeur,
Ce Dieu d'amour n'en est que plus aimable.

Sans nul éclat le vrai Dieu va paraître ;
De cet autel il vient s'unir à moi.
  Est-ce mon Maître ?
  Est-ce mon Roi ?
Laissez, mes yeux, laissez agir ma foi ;
Un œil chrétien ne peut le méconnaître.

La sainte Communion.

Tu vas remplir les vœux de ma tendresse,
Divin Jésus, digne objet de mes vœux;
O saint amour, délicieuse ivresse,
Divin Jésus, tu vas me rendre heureux.

Ne tarde plus, doux Sauveur, tendre Père,
Ne tarde plus à visiter mon cœur :
Rien sans Jésus ne peut le satisfaire;
Tout autre objet est pour lui sans douceur.

Divin Epoux, tu descends dans mon âme;
C'est aujourd'hui le plus beau de mes jours;
Que tout en moi se ranime et s'enflamme :
Mon doux Jésus, je t'aimerai toujours!

Il est à moi, ce Dieu si plein de charmes,
Mon Bien-Aimé, mon aimable Sauveur!
Echappez-vous de mes yeux, douces larmes,
Coulez, coulez, attestez mon bonheur.

O sort heureux! ô sort inestimable!
Du saint amour je goûte les douceurs.
D'un feu si beau, si pur, si désirable,
Ah! que je sente à jamais les ardeurs!

———

Jésus présent dans nos temples.

Qu'ils sont aimés, grand Dieu, tes tabernacles,
Qu'ils sont aimés et chéris de mon cœur!
Là tu te plais à rendre tes oracles;
La foi triomphe, et l'amour est vainqueur.

Qu'il est heureux celui qui te contemple
Et qui soupire au pied de tes autels!
Un seul moment qu'on passe dans ton temple,
Vaut mieux qu'un siècle au palais des mortels.

Je nage au sein des plus pures délices;
Le Ciel entier, le Ciel est dans mon cœur.
Dieu de bonté, de faibles sacrifices
Méritaient-ils cet excès de bonheur?

En les comblant, par un charme suprême,
Un Dieu puissant irrite mes désirs:
Il me consume, et je sens que je l'aime;
Et cependant je m'exhale en soupirs.

Autour de moi, les anges, en silence,
D'un Dieu caché contemplent la splendeur;
Anéantis en sa sainte présence,
O Chérubins, enviez mon bonheur!

—◦◦◦—

La Fête-Dieu.

Par les chants les plus magnifiques,
Sion, célèbre ton Sauveur!
Exalte, dans tes saints cantiques,
Ton Dieu, ton Chef et ton Pasteur.
Unis, redouble, pour lui plaire,
De l'amour les soins empressés:
En pourras-tu jamais trop faire?
En feras-tu jamais assez?

Ouvre ton cœur à l'allégresse,
A tout le feu de tes transports,

Lorsque son immense largesse
T'ouvre elle-même ses trésors.
Près de quitter son héritage,
Il consacra son dernier jour
A te laisser ce dernier gage
Qui mit le comble à son amour.

Offert sur la table mystique,
L'Agneau de la nouvelle loi
Termine enfin la Pâque antique
Qui figurait le nouveau Roi :
La vérité succède à l'ombre,
La loi de crainte se détruit :
La clarté chasse la nuit sombre,
La loi de grâce s'établit.

Jésus, de son amour extrême,
Eternisa le dernier trait;
Ce que d'abord il fit lui-même,
Le prêtre à son ordre le fait.
Il change, ô prodige admirable
Qui n'est aperçu que des Cieux !
Le pain en un Corps adorable,
Le vin en un Sang précieux.

Le saint Sacrement.

Célébrons la tendresse, exaltons la douceur
Du Dieu d'amour qui voile sa splendeur :
Le jour qu'en tous lieux on l'adore;
La nuit qu'on le bénisse encore.

Sans crainte approchons-nous de l'humble tabernacle
Où le Sauveur réside et la nuit et le jour.
De Sina cet autel n'offre plus le spectacle :
La gloire et la puissance ont fait place à l'amour.

Le Dieu puissant et bon qui règle la nature
Pour nous pauvres pécheurs doit en changer les lois :
Il nous donne son corps, son sang en nourriture;
Il rend nos faibles cœurs temples du Roi des rois.

O charité divine, à notre âme ravie
Que tu sais révéler de célestes douceurs!
Venez, venez, chrétiens, goûter ce pain de vie
Préparé par l'amour pour sustenter nos cœurs.

Qu'ils sont aimés tes tabernacles.

CHOEUR.

Ils ne sont plus les jours de larmes :
J'ai retrouvé la paix du cœur
Depuis que j'ai goûté les charmes
Des tabernacles du Seigneur.

Je buvais à la coupe amère
Dont on me vantait la douceur,
Et je délaissais, ô mon Père,
Le Pain sacré du voyageur.

Je ne trouvais qu'insuffisance
Dans mes plaisirs de chaque jour,

Que ne savais-je l'abondance
Du banquet du divin amour!

Trop longtemps, brebis fugitive,
Je m'éloignai du bon Pasteur :
Aujourd'hui, colombe plaintive,
Il m'appelle, il m'ouvre son cœur.

La sainte Messe.

CHOEUR.

Les cieux s'unissent à la terre :
Recueillons-nous, faibles mortels!
Comme autrefois sur le Calvaire,
Dieu s'immole sur nos autels.

Oui, Jésus veut renaître encore
Avec les rayons de l'aurore,
Et se livrer pour notre amour;
Ce n'est plus le sanglant supplice,
Mais c'est le même sacrifice
Qu'il renouvelle chaque jour.

Il est caché sous un symbole,
Il n'a fallu qu'une parole,
Les cieux mêmes sont descendus;
Et Celui qui créa le globe
Voile sa gloire et se dérobe
Sous l'ombre d'un pain qui n'est plus.

Si Dieu près de nous voit ses anges
Devant ces merveilles étranges
Courber leurs fronts anéantis,
Comment ne pas frémir de crainte
En face de sa grandeur sainte,
Nous si pécheurs et si petits?

Seigneur, malgré notre misère,
Nous voulons notre vie entière
Nous immoler aussi pour vous;
Tels que le feu de la victime,
Nous élever au ciel sublime
Comme vous descendez vers nous.

—◦◦◇◦◦—

Amour de Jésus.

Je l'ai trouvé, le seul objet que j'aime;
Je l'ai trouvé, je ne le quitte plus.
Je le possède au milieu de moi-même.
Oui, je le tiens, mon cœur dit : C'est Jésus.

CHOEUR.

Oui, c'est Jésus, le trésor de la terre!
Oui, c'est Jésus, la richesse des cieux!
C'est notre Dieu, notre Ami, notre Père
Dont la beauté ravit les bienheureux.

O doux Jésus, ô Source souveraine
Des biens parfaits, des célestes faveurs.
Ah! liez-moi d'une puissante chaîne,
Eternisez l'union de nos cœurs.

Oui, je le sens, Jésus est dans mon âme;

Par sa présence il réjouit mon cœur ;
Il me console, il m'instruit, il m'enflamme,
Me fait déjà goûter le vrai bonheur.

——◦◦◁◇▷◦◦——

Sacré-Cœur de Jésus.

Cœur de Jésus, Cœur à jamais aimable,
Cœur digne d'être à jamais adoré,
Ouvre à mon cœur un accès favorable,
Bénis ce chant que je t'ai consacré.

CHOEUR.

Aide à ma voix à louer ta puissance,
Ta vive ardeur, tes charmes, tes attraits,
Tes saints soupirs, tes transports, ta clémence,
Ton tendre amour, l'excès de tes bienfaits.

Jésus naissant déjà fait ses délices
De se livrer et de souffrir pour nous ;
Déjà son cœur nous donne les prémices
Des flots de sang qu'il doit verser pour nous.

Quand Jésus suis la brebis infidèle,
Son cœur conduit et fait hâter ses pas ;
Quand il reçoit un fils ingrat, rebelle,
Son cœur s'étend et resserre ses bras.

——◦◦◁◇▷◦◦——

Sacré-Cœur de Jésus.

D'un Dieu plongé dans la tristesse,
Mortel, écoute les accents :
Je t'aime, hélas! et ma tendresse
S'exhale en soupirs impuissants.
Enfant ingrat, cœur inflexible,
Mais pourtant si cher à mon cœur,
Seras-tu toujours insensible
A mon amour, à ma douleur?
— Non, non; consolez-vous, Seigneur!
De votre Cœur blessé la voix attendrissante?
Dans ces jours d'opprobre et d'erreur,
Après tant de combats, sort enfin triomphante!

CHOEUR.

Triomphez donc, Cœur de Jésus!
Mon cœur est enchaîné, il est votre victoire.
Triomphez donc, Cœur de Jésus!
Vous serez à jamais mon amour et ma gloire.

Il nous invite, il nous appelle,
Nous captive par ses bienfaits :
Ah! qui de nous encor rebelle
Ferme le cœur à tant d'attraits?
En vous, Cœur mille fois aimable,
Notre âme a trouvé le repos
Et le bonheur seul véritable
Dans vos charmes toujours nouveaux.
La paix, au sein de tous les maux,
Du cœur qui vous honore est l'heureux apanage,
Votre amour charme les travaux
Et les tristes ennuis d'un long pèlerinage.

Signe d'amour et d'espérance,
Auguste Cœur percé pour nous!
Enfants du ciel et de la France,
Nous nous rallions tous à vous.
Ah! puissent nos faibles hommages
Faire oublier nos attentats!
Puissions-nous, après tant d'outrages,
Mourir plutôt que d'être ingrats.
Oui, c'en est fait, jusqu'au trépas,
Cœur sacré, par l'encens d'un faible sacrifice,
Des cœurs qui ne vous aiment pas
Nous voulons réparer la coupable injustice.

—∞◊∞—

Sacré - Cœur de Jésus.

Divin Cœur de mon doux Jésus,
Je vous consacre mon hommage;
Dans mon cœur je ne souffre plus
Après vous seul rien qui l'engage.

CHOEUR.

De quelle ardeur
Le sacré Cœur
D'un Dieu Sauveur nous presse!
Jurons-lui notre amour
Sans retour,
Sans partage, sans cesse.

Retiré dans ce beau séjour
Méconnu du reste du monde,
J'espère dans le saint amour.
Goûter de Dieu la paix profonde.

Du sacré Cœur l'heureux amant
Partage avec lui son calice;
Il s'unit à Jésus souffrant
Et prend part à son sacrifice.

—ooᢀ୭o—

Bonheur de l'Innocence.

O bienheureux mille fois
L'enfant que le Seigneur aime,
Qui de bonne heure entend sa voix,
Et que ce Dieu daigne instruire lui-même!

Loin du monde élevé, de tous les dons des cieux
Il est orné dès sa naissance;
Et du méchant l'abord contagieux
N'altère point son innocence.

Heureuse, heureuse l'enfance
Que le Seigneur instruit et prend sous sa défense!
Tel en un secret vallon,
Sur le bord d'une onde pure,
Croît à l'abri de l'aquilon
Un jeune lis, l'amour de la nature.

Loin du monde, *etc.*

Heureux, heureux mille fois
L'enfant que le Seigneur rend docile à ses lois!

—ooᢀ୭o—

Chant de l'Espérance.

CHOEUR.

J'ai mis dans le Seigneur toute mon espérance ;
Lui seul est mon gardien, mon guide, mon appui.
J'ai connu sa douceur au jour de la souffrance ;
Tous m'avaient délaissé, je n'ai trouvé que lui.

Tout l'univers se meut sous son immense empire ;
Il apaise les flots de la mer en courroux.
Quand sa grâce descend, le monde entier respire,
La concorde et l'amour renaissent parmi nous.

Le cœur qui se repent, le trouve en son naufrage ;
Sa main avec bonté relève les pécheurs :
Il voit du haut des cieux le faible qu'on outrage,
Et recueille en son sein ses soupirs et ses pleurs.

Aimons-nous, aidons-nous dans toutes nos misères ;
Guérir les maux d'autrui, c'est soulager les siens.
Sous le Père commun unissons-nous en frères,
Car l'amour, même au ciel, est le plus grand des biens.

—◦◦◊◦◦—

Vœux de Baptême.

J'engageai ma promesse au baptême ;
Mais pour moi d'autres firent serment :
En ce jour je viens parler moi-même,
Je m'engage aujourd'hui librement.

Je crois donc en un Dieu trois personnes ;
De mon sang je signerai ma foi :

Faible esprit, vainement tu raisonnes,
Je m'engage à le croire et je crois.

A la foi de ce premier mystère,
Je joindrai celle d'un Dieu Sauveur;
Sous les lois de l'Eglise, ma mère,
Je m'engage et d'esprit et de cœur.

Sur les Fonts, dans une eau salutaire,
Pour enfant Dieu daigna m'adopter;
Si j'en ai souillé le caractère,
Je m'engage à le mieux respecter.

Je renonce aux pompes de ce monde,
A la chair, à tous ses vains attraits;
Loin de moi, Satan, esprit immonde,
Je m'engage à te fuir pour jamais.

Faux plaisirs, source infâme de vices,
Trop longtemps vous fûtes mon amour;
Je renonce à vos fausses délices,
Je m'engage à Dieu seul sans retour.

—o✦o—

La Foi.

Quand l'âme, aux jours d'orage
Qui viennent l'assaillir,
Sans force et sans courage
Se sent prête à faillir,
Soudain un phare éclaire
Les bords de l'horizon,
Plus vif que la lumière,
Plus fort que la raison.

Ce phare qui vient luire,
Ce phare, c'est la foi;
C'est Dieu qui vient nous dire :
Fidèle, crois en moi.
Sa voix fait fuir le doute,
Et son doigt nous fait voir
Au bout de notre route
La fête d'un beau soir.

—oᐳᐸᐳo—

L'Espérance.

Sainte espérance,
Prête assistance
A la souffrance.
Entends nos vœux.

Viens, par tes charmes,
Tarir les larmes
Et les alarmes
Dans tous les yeux.

Chacun t'implore,
Brillante aurore;
Fais-nous éclore
Des jours heureux.

Sainte espérance,
Prête assistance
Aux malheureux.
Entends nos vœux.

La Charité.

Force de l'âme,
O Charité !
Ta voix enflamme
La sainteté.

Tu nous rends frères ;
Dans nos misères
Toujours ton bras
Soutient nos pas.

Par ta présence,
Dieu se fait voir ;
A l'indigence,
Tu rends l'espoir.

Le cœur qu'inonde
Ton noble feu,
Porte en ce monde
Le souffle de Dieu.

Lorsque la terre
Suivra tes lois,
Les cris de guerre
Mourront à ta voix.

L'orgueil, la haine,
En ce saint jour,
Auront pour chaîne
Ton pur amour.

La Prière du soir.

L'ombre s'étend sur la terre.
Vois tes enfants de retour
A tes pieds, auguste Mère,
Pour t'offrir la fin du jour.

CHOEUR.

O Vierge tutélaire,
O notre unique espoir,
Entends notre prière,
La prière et le chant du soir.

Veille sur nous, bonne Mère,
Car notre ennemi jaloux,
Plein de ruse et de colère,
Toujours rôde autour de nous.

Tous, à l'ombre de tes ailes,
Nous reposerons en paix.
Puissions-nous être fidèles
Nuit et jour, à tout jamais!

Donne-nous quelqu'un des anges
Qui forment au ciel ta cour :
Il chantera tes louanges,
Nous gardant avec amour.

Que ton nom, Mère bénie,
Préside à notre sommeil,
Et le cœur dira : Marie!
Au premier son du réveil.

Vanité des choses humaine.

Tout n'est que vanité,
Mensonge, fragilité,
Dans tous ces objets divers
Qu'offre à nos regards l'univers.
Tous ces brillants dehors,
Cette pompe,
Ces biens, ces trésors,
Tout nous trompe,
Tout nous éblouit,
Mais tout nous échappe et s'enfuit.

Telles qu'on voit les fleurs,
Avec leurs vives couleurs,
Eclore, s'épanouir,
Se faner, tomber et périr ;
Tel est des vains attraits
Le partage ;
Tel l'éclat, les traits
Du bel âge :
Après quelques jours,
Perdent leur beauté pour toujours.

En vain, pour être heureux,
Le jeune voluptueux
Se plonge dans les douceurs
Qu'offrent les mondains séducteurs :
Plus il suit les plaisirs
Qui l'enchantent,
Et moins ses désirs
Se contentent :
Le bonheur le fuit
A mesure qu'il le poursuit.

Que doivent devenir,
Pour l'homme qui doit mourir,
Ces biens longtemps amassés,
Cet argent, cet or entassés?
Fût-il du genre humain
Seul le maître,
Pour lui tout enfin
Cesse d'être :
Au jour de son deuil,
Il n'a plus à lui qu'un cercueil.

—o◦◊◦o—

La Mort.

CHOEUR.

A la mort, à la mort,
Pécheur, tout finira;
Le Seigneur, à la mort,
Te jugera!

Il faut mourir, il faut mourir :
De ce monde il nous faut sortir.
Le triste arrêt en est porté,
Il faut qu'il soit exécuté.

Comme une fleur qui se flétrit,
Ainsi l'homme bientôt périt;
L'affreuse mort vient de ses jours
En un moment trancher le cours.

Venez, pécheurs, près d'un cercueil,
Venez confondre votre orgueil :
Là, tout ce qu'on estime tant
Est enfin réduit au néant.

12ᵛ

Esclaves de la vanité,
Que deviendra votre beauté?
Vos traits, sans forme et sans couleur,
Vous rendront un objet d'horreur.

Vous qui suivez tous vos désirs,
Qui vous plongez dans les plaisirs,
Pour vous quel affreux changement
La mort va faire à ce moment!

Plus de trésors, plus de grandeurs,
Plus de jeux, de ris, de douceurs;
Ces biens, dont vous êtes jaloux,
Vont tout à coup périr pour vous.

Mon Dieu, pardon.

Mon Dieu, mon cœur, touché
D'avoir péché,
Demande grâce.
Joins à tous tes bienfaits
L'oubli de mes excès.
J'avais du monde, hélas! voulu suivre la trace.

CHOEUR.

Pardon, mon Dieu, pardon!
N'est-tu pas un Dieu bon?

Ah! dans cette saison,
Où ma raison
Devait te suivre,
J'errais les jours entiers
Dans de honteux sentiers.
Comment à mes malheurs m'as-tu laissé survivre?

Tu me disais souvent :
   « Viens, mon enfant,
   Ma voix t'appelle. »
J'allais à mes plaisirs
Au gré de mes désirs.
Et tu pus si longtemps souffrir un fils rebelle !

   Plus juste désormais,
   Et pour jamais
   Toujours fidèle,
Je vivrai dans les pleurs,
Dans les saintes rigueurs.
Heureux si je parviens à la gloire immortelle !

Le Purgatoire.

Au fond des brûlants abîmes
Nous gémissons, nous pleurons ;
Et pour expier nos crimes,
Loin de Dieu, nous y souffrons.
   Hélas ! hélas !
Feu vengeur, de tes victimes
Les pleurs ne t'éteignent pas.

A l'aspect de nos supplices,
Chrétiens, attendrissez-vous :
A nos maux soyez propices,
Vous, nos frères, sauvez-nous.
   Hélas ! hélas !
Le Ciel, sans vos sacrifices,
Ne les abrégera pas.

Tandis que les âmes pures
Prennent leur vol vers les cieux,

Mille légères souillures
Nous retiennent dans ces feux.
    Hélas ! hélas !
Dans ces cruelles tortures
Ne nous abandonnez pas.

De ces flammes dévorantes,
Vous pouvez nous arracher :
Hâtez-vous, âmes ferventes,
Dieu se laissera toucher.
    Hélas ! hélas !
De ces peines si cuisantes
La fin ne vient-elle pas ?

Des soupirs, des vœux, des larmes,
Offerts au Seigneur pour nous,
Seraient de puissantes armes
Contre son juste courroux.
    Hélas ! hélas !
Dans nos maux, dans nos alarmes,
Ne nous aiderez-vous pas ?

Grand Dieu ! de votre justice
Désarmez le bras vengeur :
Que notre malheur finisse
Par le sang d'un Dieu Sauveur !
    Hélas ! hélas !
Votre main libératrice
Ne s'étendra-t-elle pas ?

La première Communion.

O saint autel, qu'environnent les anges!
Qu'avec transport aujourd'hui je te vois!
Ici mon Dieu, l'objet de mes louanges,
M'offre son Corps pour la première fois.

O mon Sauveur, mon trésor et ma vie,
Epoux divin, dont mon cœur a fait choix,
Venez bientôt couronner mon envie;
Venez à moi pour la première fois.

O saint transport, ô divine allégresse!
Déjà mon cœur s'unit au Roi des rois;
Il est à moi le Dieu de ma jeunesse,
Je suis à lui pour la première fois.

O Chérubins qui l'adorez sans cesse,
Ainsi que vous je l'adore et je crois;
Mais devant lui soutenez ma faiblesse,
Et me guidez pour la première fois.

O jour heureux, jour céleste et propice,
A vous bénir je consacre ma voix;
Le Dieu vivant s'immole en sacrifice,
Et me nourrit pour la première fois.

Embrasez-moi, Dieu d'amour et de gloire,
Du feu sacré de vos divines lois,
Et pour toujours gravez dans ma mémoire
Ce que je fais pour la première fois.

Retour à Dieu.

Un fantôme brillant séduisit ma jeunesse;
Sous le nom de plaisir il égara mes pas.
Insensé que j'étais, je n'apercevais pas
L'abîme que des fleurs cachaient à ma faiblesse.

CHOEUR.

Mais enfin, revenu de mes égarements,
Remettant mon salut à ta bonté chérie,
O mon Dieu, mon soutien, après mille tourments,
Quand je reviens à toi, je reviens à la vie.

Faux plaisir où je crus ne trouver que des charmes,
Ivresse de mes sens, trompeuse volupté,
Hélas! en vous cherchant, que vous m'avez coûté
De craintes, de douleurs, de regrets et de larmes!

Vous qui, par tant de soins, souteniez mon enfance,
O mon père! ô ma mère! à combien de douleurs
Ma jeunesse indocile a dû livrer vos cœurs,
En provoquant du Ciel la trop juste vengeance!

Pardonnez, pardonnez à votre enfant coupable;
Hélas! cent fois puni d'oublier vos leçons,
Même au sein des plaisirs, par des remords profonds
Il expiait déjà son crime impardonnable.

Oui, mon Dieu, c'en est fait, touché de ta clémence,
J'abjure, dès ce jour, le monde et ses appas.
Nouvel enfant prodigue, accueilli dans tes bras,
Je retrouve à la fois la paix et l'innocence.

Chœur final.

Pour jamais revenu de mes égarements,
Je remets mon salut à ta bonté chérie,
O mon Dieu, mon soutien, après mille tourments,
Quand je reviens à toi, je reviens à la vie.

La ferveur.

Goûtez, âmes ferventes,
Goûtez votre bonheur :
Mais demeurez constantes
Dans votre sainte ardeur.

CHOEUR.

Heureux le cœur fidèle
Où règne la ferveur!
Il possède avec elle
Tous les dons du Seigneur.

Elle est le vrai partage
Et le sceau des élus;
Elle est l'appui, le gage
Et l'âme des vertus.

Par elle la foi vive
S'allume dans les cœurs,
Et sa lumière active
Guide et règle nos mœurs.

Par elle l'espérance
Ranime ses soupirs,
Et croit jouir d'avance
Des célestes plaisirs.

Par elle, dans les âmes,
S'accroît de jour en jour
L'activité des flammes
Du pur et saint amour.

Le Pain des anges.

CHOEUR.

Voici le Pain des anges !
Voici le Pain d'amour !
Offrons-lui nos louanges
Et la nuit et le jour !

A notre éternelle patrie
Chrétiens, ne portons plus envie...
N'en regrettons plus les splendeurs ;
Nous pouvons goûter ses douceurs
Pendant l'exil de cette vie,
Un Dieu vient y nourrir nos cœurs !

La terre n'est plus désolée :
Le Sauveur l'a renouvelée ;
Concitoyens des Bienheureux,
Nous partageons avec les cieux
La nourriture immaculée,
Le breuvage mystérieux.

Déjà, sous ce sacré portique,
Résonne le nouveau cantique
Chanté sans cesse en union
Dans la sainte et chère Sion :
A l'éternel Agneau mystique,
Salut et bénédiction !

Mais, hélas ! toujours sur la terre,
Sous, le voile obscur du mystère,
Il est caché le Dieu d'amour...
Quand viendra pour nous l'heureux jour
Où nous dirons dans la lumière
Qui brille au céleste séjour :

Les saints Tabernacles.

O plaisir éphémères !
Vapeurs, ombres légères,
Vous ne me suffirez jamais.
   Près de mon divin Maître,
   Mon cœur a senti naître
Le vrai bonheur, l'unique paix.

   Augustes tabernacles !
   Que vos divins oracles
Ont pour moi de charmes secrets...
   Il n'est rien sur là terre
   Qui puisse jamais plaire
Au cœur qui goûte vos attraits !

   Divine Eucharistie !
   Mets sacré, pain de vie,
Vers toi j'aspire avec ardeur...
   Viens, ô manne cachée,
   Mon âme desséchée
Sans toi succombe de langueur...

   Là se boit cette eau vive,
   Dont la puissance active
Sait désaltérer et nourrir !
   Donne à ma soif ardente,
   Cette eau rafraîchissante,
Ou, Seigneur, laisse-moi mourir...

—◦◦◇◦◦—

TROISIÈME PARTIE

CHANTS LITURGIQUES

Ave maris stella.

Ave, maris stella,
Dei Mater alma,
Atque semper Virgo,
Felix cœli Porta.

Sumens illud ave
Gabrielis ore,
Funda nos in pace,
Mutans Evæ nomen.

Solve vincla reis,
Profer lumen cæcis,
Mala nostra pelle,
Bona cuncta posce.

Monstra te esse Matrem,
Sumat per te preces,
Qui pro nobis natus,
Tulit esse tuus.

Virgo singularis,
Inter omnes mitis,
Nos culpis solutos,
Mites fac et castos.

Vitam præsta puram,
Iter para tutum,
Ut videntes Jesum,
Semper collætemur.

Sit laus Deo Patri,
Summo Christo decus,
Spiritui Sancto,
Tribus honor unus. Amen.

—◦✠◦—

Magnificat.

Magnificat anima mea Dominum.

Et exultavit spiritus meus * in Deo salutari meo.

Quià respexit humilitatem ancillæ suæ : * ecce enim ex hoc beatam me dicent omnes generationes.

Quià fecit mihi magna qui potens est : * et sanctum nomen ejus.

Et misericordia ejus à progenie in progenies, * timentibus eum.

Fecit potentiam in brachio suo : * dispersit superbos mente cordis sui.

Deposuit potentes de sede, * et exaltavit humiles.

Esurientes implevit bonis, * et divites dimisit inanes.

Suscepit Israel puerum suum, * recordatus misericordiæ suæ.

Sicut locutus est ad patres nostros, * Abraham et semini ejus in sæcula.

Gloria Patri, etc.

Alma Redemptoris.

Alma Redemptoris Mater, quæ pervia cœli
Porta manes, et Stella maris, succurre cadenti,
Surgere qui curat populo; tu quæ genuisti,
Naturâ mirante, tuum sanctum Genitorem;
Virgo priùs ac posteriùs, Gabrielis ab ore
Sumens illud ave, peccatorum miserere.

Ave, Regina cœlorum.

Ave, Regina cœlorum!
Ave, Domina angelorum!
Salve, Radix, salve Porta,
Ex quâ mundo Lux est orta.
Gaude, Virgo gloriosa,
Super omnes speciosa :
Vale, ô valdè decora!
Et pro nobis Christum exora.

Regina cœli.

Regina cœli, lætare, alleluia.
Quia quem meruisti portare, alleluia.
Resurrexit sicut dixit, alleluia.
Oro pro nobis Deum, alleluia.

Salve, Regina.

Salve, Regina, Mater misericordiæ,
Vita, dulcedo, et spes nostra, salve.
Ad te clamamus exules filii Evæ
Ad te suspiramus, gementes et flentes, in hâc
lacrymarum valle.

Eia ergo, advocata nostra, illos tuos misericordes oculos ad nos converte.

Et Jesum, benedictum fructum ventris tui, nobis post hoc exilium ostende.

O clemens!

O pia!

O dulcis Virgo Maria!

—o◦◦◊◦◦o—

Ave Maria.

Ave, Maria, gratiâ plena, Dominus tecum.

Benedicta tu in mulieribus, et benedictus fructus ventris tui, Jesus.

Sancta Maria, Mater Dei, ora pro nobis peccatoribus, nùnc et in hora mortis nostræ. Amen.

—o◦◦◊◦◦o—

O sanctissima.

O sanctissima,
O purissima,
Dulcis Virgo Maria!
Mater amata,
Intemerata!
Ora pro nobis.

Piae lacrymas,
Pios gemitus
Audi, bona, precamur.
Ingruunt hostes,
Suffice vires;
Ora pro nobis.

—o◦◦◊◦◦o—

Tota pulchra.

Tota pulchra es, Maria! et macula non est in te.
Tu gloria Jerusalem, tu lætitia Israel,
Tu honorificentia populi nostri.
Tu advocata peccatorum,
Intercede pro nobis.

Ante thorum.

Ante thorum hujus Virginis frequentate dulcia cantica dramatis.

Quemadmodum desiderat cervus ad fontes aquarum, itä desiderat anima mea ad te Deus, quando veniam et apparebo ante faciem Dei ?

Surge, Sponsa mea, propera et veni; coronaberis. En dilectus loquitur mihi. Vadam ad collem thuris.

Quæ est ista quæ progreditur quasi aurora consurgens, pulchra ut luna, electa ut sol, terribilis ut castrorum acies ordinata ?

Rex, diadema regni, in capite ejus.

Maria, dominare nostri, tu et Filius tuus.

Maria, intercede pro nobis ad Dominum Deum nostrum.

✠ gloriosa Domina.

O gloriosa Domina,
Excelsa super sidera,
Qui te creavit parvulum,
Lactente nutris ubere.

Quod Eva tristis abstulit,
Tu reddis almo germine;

Intrent ut astra flebiles
Cœli recludis cardines.

Tu Regis alti janua,
Et aula lucis fulgida :
Vitam datam per Virginem,
Gentes redemptæ, plaudite.

Maria, Mater gratiæ,
Mater misericordiæ,
Tu nos ab hoste protege,
Et horâ mortis suscipe.

—o·oó'⨯ o—

Sub tuum præsidium.

Sub tuum præsidium confugimus, sancta Dei
Genitrix, nostras deprecationes ne despicias in
necessitatibus, sed à periculis cunctis libera nos,
semper Virgo gloriosa et benedicta.

—o ⨯❯o o—

Inviolata.

Inviolata, integra et casta es, Maria,
Que es effecta fulgida cœli Porta.
O Mater alma, Christi carissima!
Suscipe pia laudum præconia.
Nostra ut pura pectora sint et corpora,
Te nùnc flagitant devota corda et ora.
Tua per precata dulcisona,
Nobis concedas veniam per sæcula.
O benigna! ô benigna! ô benigna!
Quæ sola inviolata permansisti.

—o❮❯o o—

Omni die.

Omni die dic Mariæ
Mea, laudes, anima;
Ejus festa, ejus gesta
Cole devotissima.

CHOEUR.

Contemplare et mirare
Ejus celsitudinem;
Dic felicem genitricem,
Die beatam Virginem.

Commendare me dignare
Christo tuo Filio,
Ut non cadam, sed evadam
De mundi naufragio.

Ora Deum ut cor meum
Suâ servet gratiâ,
Ne antiquus inimicus
Seminet zizania.

Da levamen et juvamen
Tuum illis jugiter,
Tua festa sive gesta
Qui colunt alacriter.

Stabat Mater.

Stabat Mater dolorosa
Juxta Crucem lacrymosa
  Dùm pendebat Filius.

Cujus animam gementem,
Contristatam et dolentem,
  Pertransivit gladius.

O quam tristis et afflicta
Fuit illa benedicta
   Mater Unigeniti!

Quæ mœrebat et dolebat,
Pia Mater, dùm videbat
   Nati pœnas inclyti.

Quis est homo qui non fleret,
Matrem Christi si videret
   In tanto supplicio?

Quis non posset contristari,
Christi Matrem contemplari
   Dolentem cum Filio?

Pro peccatis suæ gentis
Vidit Jesum in tormentis,
   Et flagellis subditum.

Vidit suum dulcem Natum
Moriendo desolatum,
   Dum emisit spiritum.

Eia Mater, fons amoris,
Me sentire vim doloris;
   Fac, ut tecum lugeam.

Fac ut ardeat cor meum
In amando Christum Deum,
   Ut sibi complaceam.

Sancta Mater, istud agas,
Crucifixi fige plagas
   Cordi meo validè.

Fac me tecum piè flere,
Crucifixo condolere,
   Donec ego vixero.

Juxta Crucem tecum stare,
Et me tibi sociare
In planctu desidero.

Virgo virginum præclara,
Mihi jam non sis amara :
Fac me tecum plangere.

Fac ut portem Christi mortem,
Passionis fac consortem,
Et plagas recolere.

Fac me plagis vulnerari,
Cruce hâc inebriari,
Et cruore Filii.

Flammis ne urar succensus,
Per te, Virgo, sim defensus
In die judicii.

Christe, cùm sit hinc exire,
Da per Matrem me venire
Ad palmam victoriæ.

Quando corpus morietur.
Fac ut animæ donetur
Paradisi gloria. Amen.

Litanies de la sainte Vierge.

Kyrie, eléison.
Christe, eléison.
Kyrie, eléison.
Christe, audi nos.
Christe, exaúdi nos.
Pater de cœlis, Deus, miserére nobis.
Fili, Redémptor mundi, Deus, miserére nobis.

Spíritus Sancte, Deus, miserére nobis.

Sancta Trínitas, unus Deus, miserére nobis.

* Sancta María, ora pro nobis.

Sancta Dei Génitrix, ora pro nobis.

Sancta Virgo vírginum, ora pro nobis.

Mater Christi, ora pro nobis.

Mater divínæ grátiæ, ora pro nobis.

Mater puríssima, ora pro nobis.

Mater castíssima, ora pro nobis.

Mater invioláta, ora pro nobis.

Mater intemeráta, ora pro nobis.

Mater amábilis, ora pro nobis.

Mater admirábilis, ora pro nobis.

Mater Creatóris, ora pro nobis.

Mater Salvatóris, ora pro nobis.

Virgo prudentíssima, ora pro nobis.

Virgo veneránda, ora pro nobis.

Virgo prædicánda, ora pro nobis.

Virgo potens, ora pro nobis.

Virgo clemens, ora pro nobis.

Virgo fidélis, ora pro nobis.

Spéculum justítiæ, ora pro nobis.

Sedes sapiéntiæ, ora pro nobis.

Causa nostræ lætítiæ, ora pro nobis.

Vas spirituále, ora pro nobis.

Vas honorábile, ora pro nobis.

Vas insígne devotiónis, ora pro nobis.

Rosa mystica, ora pro nobis.

Turris Davídica, ora pro nobis.

Turris ebúrnea, ora pro nobis.

Domus aúrea, ora pro nobis.

Fœderis arca, ora pro nobis.

Jánua cœli, ora pro nobis.

Stella matutína, ora pro nobis.

Salus infirmórum, ora pro nobis.

Refúgium peccatórum, ora pro nobis
Consolátrix afflictórum, ora pro nobis.
Auxílium Christianórum, ora pro nobis.
Regína Angelórum, ora pro nobis.
Regína Patriarchárum, ora pro nobis.
Regína Prophetárum, ora pro nobis.
Regína Apostolórum, ora pro nobis.
Regína Mártyrum, ora pro nobis.
Regína Confessórum, ora pro nobis.
Regína Vírginum, ora pro nobis.
Regína Sanctórum ómnium, ora pro nobis
Regína sine labe concépta, ora pro nobis.
Agnus Dei, qui tollis peccáta mundi, parce nobis, Dómine.
Agnus Dei, qui tollis peccáta mundi, exaúdi nos, Dómine.
Agnus Dei, qui tollis peccáta mundi, miserére nobis.
Christe, audi nos.
Christe, exaúdi nos.

—∞∞—

Veni, Creator.

Veni, Creator Spiritus,
Mentes tuorum visita;
Imple supernâ gratiâ,
Quæ tu creâsti pectora.

Qui diceris Paraclitus,
Altissimi donum Dei,
Fons vivus, ignis, caritas,
Et spiritalis unctio.

Tu septiformis munere,
Digitus paternæ dexteræ,

Tu ritè promissum Patris,
Sermone ditans guttura.

Accende lumen sensibus;
Iufunde amorem cordibus;
Infirma nostri corporis,
Virtute firmans perpeti.

Hostem repellas longiùs,
Pacemque dones protinùs;
Ductore sic te prævio,
Vitemus omne noxium.

Per te sciamus da Patrem,
Noscamus atque Filium,
Teque utriusque Spiritum,
Credamus omni tempore.

Deo Patri sit gloria,
Et Filio qui à mortuis
Surrexit, ac Paraclito,
In sæculorum sæcula. Amen.

℣. Emitte Spiritum tuum, et creabuntur,
℞. Et renovabis faciem terræ.

—⋯⋘⋙⋯—

Te, Joseph.

Te, Joseph, celebrent agmina cœlitum,
Te cuncti resonent Christiadum chori,
Qui clarus meritis, junctus es inclytæ
Casto fœdere Virgini.

Almo cum tumidam germine conjugem
Admirans, dubio tangeris anxius,
Afflatu superi flaminis angelus
Conceptum Puerum docet.

Tu natum Dominum stringis, ad exteras
Ægypti profugum tu sequeris plagas
Amissum Solymis quæris et iuvenis
    Miscens gaudia fletibus.

Post mortem reliquos mors pia consecrat,
Palmamque emeritos gloria suscipit;
Tu vivens superis par frueris Deo,
    Mirâ sorte beatior.

Nobis, summa Trias, parce precantibus,
Da, Joseph meritis, sidera scandere,
Ut tandem liceat nos tibi perpetim
    Gratum promere canticum. Amen.

℣. Constituit eum Dominum domûs suæ.
℟. Et Principem omnis possessionis suæ.

—o⋇⟩o⟨o—

Iste Confessor.

Iste Confessor Domini colentes,
    Quem piè laudant populi per orbem
† Hâc die lætus meruit beatas
    Scandere sedes.

† *Si ce n'est pas le jour de leur mort, on dit :*

Hâc die lætus meruit supremos
    Laudis honores.

Qui pius, prudens, humilis, pudicus,
Sobriam duxit sinè labe vitam,
Donec humanos animavit auræ
    Spiritus artus.

Cujus ob præstans meritum frequenter
Ægra quæ passim jacuêre membra
Viribus morbi domitis saluti
Restituuntur.

Noster hinc illi chorus obsequentem
Concinit laudem, celebresque palmas,
Ut piis ejus precibus juvemur
Omne per ævum.

Sit salus illi, decus atque virtus,
Qui super cœli solio coruscans
Totius mundi seriem gubernat
Trinus et unus. Amen.

—∘∞∘—

Rorate Cœli.

CHOEUR.

Rorate, Cœli, desuper; et nubes pluant Justum.

Ne irascaris, Domine; ne ultrà memineris iniquitatis. Ecce civitas Sancti facta est deserta, Sion deserta facta est; Jerusalem desolata est; domus sanctificationis tuæ et gloriæ tuæ, ubi laudaverunt te patres nostri.

Peccavimus, et facti sumus tanquàm immundi nos; et cecidimus quasi folium universi; et iniquitates nostræ quasi ventus abstulerunt nos. Abscondisti faciem tuam à nobis, et allisisti nos in manu iniquitatis nostræ.

—∘∘—

Adeste.

CHOEUR *.

Adeste, fideles, læti, triumphantes,
Venite, venite in Bethleem ;
* Natum videte Regem angelorum.
Venite, adoremus Dominum.

En, grege relicto ; humiles ad cunas
Vocati pastores approperant;
* Et nos ovanti gradu festinemus.
Venite, adoremus Dominum.

Æterni Parentis splendorem æternum
Velatum sub carne videbimus,
* Deum infantem pannis involutum.
Venite, adoremus Dominum.

Pro nobis egenum et fœno cubantem
Piis foveamus amplexibus;
* Sic nos amantem quis non redamaret?
Venite, adoremus Dominum.

—o∘◇∘o—

Pastores erant.

Pastores erant vigilantes. Angelus ait ad pastores :
Annuntio vobis gaudium magnum : natus est vobis
hodiè Salvator.

Et facta est cum Angelo multitudo cœlestis exer-
citûs laudantium Deum, et dicentium : Gloria in
altissimis Deo, et in terrâ pax hominibus bonæ
voluntatis !

Transeamus usquè Bethleem et videamus hoc ver-
bum. Quid vidistis, pastores? annuntiate nobis?

Natum vidimus et choros angelorum collaudantes
Dominum : Gloria in altissimis Deo, alleluia! Parvulus Filius hodiè natus est vobis, venite, adoremus.

—o◦❬❭◦o—

Cum natus esset Jesus.

Cum natus esset Jesus in Bethleem Juda in diebus
Herodis regis, ecce magi ab Oriente venerunt Jerosolymam, dicentes : Ubi est qui natus est Rex
Judæorum.

Vidimus stellam ejus in Oriente, et venimus adorare eum.

Reges Tharsis et insulæ munera offerent. Reges
Arabum et Saba dona adducent : et adorabunt eum
omnes reges terræ : omnes gentes servient ei.

—o◦❬❭◦o—

Attende.

CHOEUR.

Attende, Domine, et miserere, quià peccavimus
tibi.

Recordare, Domine, quid acciderit nobis. Peccavimus cum patribus nostris, injustè egimus,
multiplicatæ sunt super capillos capitis iniquitates
nostræ.

Cor contritum et humiliatum ne despicias, Domine. In jejunio et fletu te deprecamur nos. Eleemosynam concludimus in sinu pauperum, et ipsa
exorabit te pro nobis. Convertimur ad te, quoniam
multus es ad ignoscendum.

—◦❬❭c◦—

Ecce vicit Leo.

Ecce vicit Leo de tribu Juda, Radix David, alleluia.

Ego sum qui sum, habeo claves mortis et inferni; fui mortuus, et ecce sum vivens.

Mulier, quid ploras? quem quæris?

Tulerunt Dominum meum, et nescio ubi posuerunt eum. — Domine, si tu sustulisti eum, dicito mihi, et ego eum tollam. — Maria! — Rabboni!

Noli me tangere, nondum enim ascendi ad Patrem meum. Vade autem ad fratres meos, èt dic eis: Ascendo ad Patrem meum, Patrem vestrum, Deum meum, Deum vestrum.

Venit Maria Magdalena, annuntians discipulis. — Quia vidi Dominum, et hæc dixit mihi: Ascendo ad Patrem meum, Patrem vestrum, Deum meum, Deum vestrum.

Alleluia. Surrexit sicut dixit, alleluia. Surrexit Dominus verè, alleluia. Apparuit Simoni, apparuit Mariæ, apparuit et nobis, alleluia.

O filii et filiæ.

O filii et filiæ!
Rex cœlestis, Rex gloriæ,
Morte surrexit hodiè.
Alleluia!

In albis sedens angelus,
Respondit mulieribus
Quia surrexit Dominus.
Alleluia!

Discipulis astantibus,

In medio stetit Christus,
Dicens : Pax vobis omnibus.
    Alleluia !

Quando Thomas Christi latus,
Pedes vidit atque manus,
Dixit : Tu es Deus meus !
    Alleluia !

In hoc festo sanctissimo
Sit laus et jubilatio :
Benedicamus Domino !
    Alleluia !

***

Sanctus, Sanctus, Sanctus.

Sanctus, Sanctus, Sanctus Dominus omnipotens, Deus omnipotens.

Mei sancti, qui in carne positi certamen habuistis, mercedem laboris ego reddam vobis. Venite, benedicti Patris mei, percipite regnum quod vobis paratum est à constitutione mundi.

Dignus es, Domine, accipere gloriam et honorem. In sanguine tuo redemisti nos, Domine, ex omni tribu et omni populo, et omni linguâ et natione.

O quàm gloriosum est regnum, in quo cum Christo gaudent omnes sancti !

Sancta Maria, intercede pro nobis.

Regina cœlorum, intercede pro nobis.

Angeli et Archangeli, Cherubim et Seraphim, intercedite pro nobis.

Patriarchæ et Prophetæ, Apostoli et Evangelistæ, intercedite pro nobis.

Martyres et Confessores, sanctæ Virgines Domini, omnes Sancti et Sanctæ, intercedite pro nobis.

Veni, Sancte Spiritus.

Veni, Sancte Spiritus, et emitte cœlitùs lucis tuæ radium.

Veni Pater pauperum, veni dator munerum, veni lumen cordium

Consolator optime, dulcis hospes animæ, dulce refrigerium

In labore requies, in æstu temperies, in fletu solatium.

O lux beatissima, reple cordis intima tuorum fidelium

Sine tuo numine nihil est in homine, nihil est innoxium

Lava quod est sordidum, riga quod est aridum, sana quod est saucium

Flecte quod est rigidum, fove quod est frigidum, rege quod est devium.

Da tuis fidelibus in te confidentibus sacrum septenarium.

Da virtutis meritum, da salutis exitum, da perenne gaudium.

—◦◦◦◦◦—

Vexilla Regis.

Vexilla Regis prodeunt,
Fulget Crucis mysterium
Qua vita mortem pertulit
Et morte vitam protulit.

O Crux, ave, spes unica,

Hoc passiónis tempore,
Piis adauge gratiam,
Reisque dele crimina.

Te, fons salutis, Trinitas,
Collaudet omnis spiritus :
Quibus Crucis victoriam
Largiris, adde premium.

—◦◇◦—

O salutaris.

O salutaris Hostia
Quæ cœli pandis ostium,
Bella premunt hostilia ;
Da robur, fer auxilium.

Uni trinoque Domino
Sit sempiterna gloria,
Qui vitam sine termino
Nobis donet in patriâ.
    Amen.

—◦◇◦—

Tantum ergo.

Tantum ergo Sacramentum
Veneremur cernui,
Et antiquum documentum
Novo cedat ritui,
Præstet fides supplementum
Sensuum defectui.

Genitori Genitoque
Laus et jubilatio,
Salus, honor, virtus quoque

Sit et benedictio :
Procedenil ab utroque .
Compar sit laudatio.
Amen.

℣. Panem de cœlo prestitisti eis
℟. Omne delectamentum in se habentem.

—ooᗕoo—

Sacris solemniis.

Sacris solemniis juncta sint gaudia ,
Et ex præcordiis, sonent preconia.
Recedant vetera, nova sint omnia :
Corda , voces et opera
(*Voir les deux dernières strophes*, Panis angelicus, *p.* 171.)

—ooᗕoo—

Lauda, Sion.

Lauda , Sion , Salvatorem ,
Lauda ducem et Pastorem
In hymnis et canticis.

Ecce Panis Angelorum,
Factus cibus viatorum :
Verè Panis filiorum,
Non mittendus canibus.

Bone Pastor, Panis vere ,
Jesu nostrî miserere ,
Tu nos pasce, nos tuere;
Tu nos bona fac videre
In terrâ viventium.

—ooᗕoo—

Ave, verum.

Ave, verum Corpus natum de Mariâ Virgine;
Verè passum, immolatum in cruce pro homine;
Cujus latus perforatum undâ fluxit cum sanguine;
Esto nobis prægustatum mortis in examine.
O dulcis!
O pie!
O Jesu! Fili Mariæ, tu nobis miserere.
Amen.

Adoro te supplex.

Adoro te supplex, latens Deitas,
Quæ sub his figuris vere latitas,
Tibi se cor meum totum subjicit,
Quia te contemplans, totum deficit.

Jesu, quem velatum nùnc aspicio,
Oro, fiat illud, quod tam sitio;
Ut te revelatâ cernens facie,
Visu sim beatus tuæ gloriæ. Amen.

✠ Cor, amoris.

O Cor, amoris victima,
Cœli perenne gaudium,
Mortalium solatium,
Mortalium spes ultima.

Tu, Trinitatis gloria,
Jungit tibi se Filius,
In te quiescit Spiritus,
In te Patris sunt gaudia.

Te, digna sedes numine,
Fœcunda virtus Flaminis
Illapsa in alvum Virginis,
Puro creavit sanguine.

Cor dulce, cor amabile,
Amore nostrî saucium,
Amore nostrî languidum,
Fac, sis mihi placabile.

Quos abluisti sanguine,
Venis apertis omnibus,
Nos intimis recessibus,
Semel receptos contine.

Jesu, Patris cor unicum,
Puris amicum mentibus,
Puris amandum cordibus,
In corde regnes omnium.

—◦◦{}◦◦—

Adoremus in æternum.

CHOEUR.

Adoremus in æternum sanctissimum Sacramentum

Laudate Dominum, omnes gentes; * laudate eum: omnes populi.

Quoniam confirmata est super nos misericordia ejus, * et veritas Domini manet in æternum.

Gloria Patri, et Filio, * et Spiritui Sancto.

Sicut erat in principio, et nunc, et semper, * et in sæcula sæculorum. Amen.

O Jesu, Deus magne.

O Jesu, Deus magne, Pastor bone, dulcis Agne,
O Jesu mi, ô Panis, ô Manna, ô Potestas,
Quid non præstas homini?

Se nascens.

Se nascens dedit socium,
Convescens in edulium,
Se moriens in pretium,
Se regnans dat in præmium.

Adoremus Natum.

Adoremus Natum ex Virgine, qui nos pascit carne suâ; laudemus eum in æternum.

Laudemus Dominum quem laudant angeli, quem Cherubim et Seraphim Sanctus, Sanctus, Sanctus proclamant.

Quis loquitur potentias Domini, auditas faciet omnes laudes ejus? Plena est omnis terra gloriâ ejus.

O sacrum Convivium.

O sacrum Convivium in quo Christus sumitur, recolitur memoria passionis ejus, mens impletur gratia, et futuræ gloriæ nobis pignus datur. Alleluia. (*De la Septuagésime jusqu'à Pâques on ne dit plus Alleluia.*)

Jesu, decus.

Jesu decus angelicum,
In aure dulce canticum,
In ore mel mirificum,
In corde nectar cœlicum!

O Jesu, mi dulcissime,
Spes suspirantis animæ,
Te quærunt piæ lacrymæ,
Te clamor mentis intimæ.

Panis angelicus.

Panis angelicus fit panis hominum :
Dat panis cœlicus figuris terminum :
O res mirabilis! manducat Dominum
    Pauper, servus et humilis.

  Te, trina Deitas unaque, poscimus,
Sic nos tu visitas, sicut te colimus :
Per tuas semitas duc nos quò tendimus,
    Ad lucem quam inhabitas.

—o◇o—

Quid retribuam.

  Quid retribuam Domino pro omnibus quæ retribuit mihi?

  Calicem salutaris accipiam, et nomen Domini invocabo.

  Dirupisti vincula mea; tibi sacrificabo hostiam laudis.

—o◇o—

Benedictus.

Benedictus qui venit in nomine Domini.
    Hosanna in excelsis !

—o◇o—

Justus ut palma.

Justus ut palma florebit : quasi lilium germinabit.
— Euge, serve bone et fidelis : quia in pauca fuisti fidelis, suprà multa te constituam ; intra in gaudium Domini tui.

—o◇o—

In convertendo.

In convertendo Dominus captivitatem Sion, *
facti sumus sicut consolati :

Tunc repletum est gaudio os nostrum, * et lingua
nostra exsultatione.

Tunc dicent inter gentes : * Magnificavit Dominus
facere cum eis.

Magnificavit Dominus facere nobiscum, * facti
sumus lætantes.

Converte, Domine, captivitatem nostram, * sicut
torrens in austro.

Gloria Patri, et Filio, * et Spiritui Sancto,

Sicut erat in principio, et nunc, et semper, * et
in sæcula sæculorum. Amen.

—o ⅃⦂ o—

Parce, Domine.

Parce, Domine, parce populo tuo ; ne in æternum
irascaris nobis.

℣. Domine, non secundùm peccata nostra facias
nobis.

℟. Neque secundùm iniquitates nostras retribuas
nobis.

—o⦂⦂o—

Pie Jesu.

Pie Jesu Domine,
Dona eis requiem
Sempiternam.

—o⦂⦂o—

Quam dilecta.

Quam dilecta tabernacula tua, Domine virtutum! * concupiscit et deficit anima mea in atria Domini.

Cor meum et caro mea * exultaverunt in Deum vivum.

Etenim passer invenit sibi domum, * et turtur nidum sibi ubi ponat pullos suos.

Altaria tua, Domine virtutum, * Rex meus et Deus meus!

Beati qui habitant in domo tua, Domine : * in sæcula sæculorum laudabunt te.

Beatus vir cujus est auxilium abs te : * ascensiones in corde suo disposuit, in valle lacrymarum, in loco quem posuit.

Etenim benedictionem dabit Legislator : ibunt de virtute in virtutem : * videbitur Deus deorum in Sion.

Domine Deus virtutum, exaudi orationem meam : * auribus percipe, Deus Jacob.

Protector noster, aspice, Deus, * et respice in faciem Christi tui.

Quia melior est dies una in atriis tuis * super millia.

Elegi abjectus esse in domo Dei mei * magis quam habitare in tabernaculis peccatorum.

Quia misericordiam et veritatem diligit Deus : * gratiam et gloriam dabit Dominus.

Non privabit bonis eos qui ambulant in innocentia. * Domine virtutum, beatus homo qui sperat in te!

Gloria Patri, et Filio, * et Spiritui Sancto.

Sicut erat in principio, et nunc, et semper, * et in sæcula sæculorum. Amen.

De profundis.

De profundis clamavi ad te, Domine : * Domine, exaudi vocem meam.

Fiant aures tuæ intendentes, * in vocem deprecationis meæ.

Si iniquitates observaveris, Domine : * Domine, quis sustinebit?

Quia apud te propitiatio est; * et propter legem tuam, sustinui te, Domine.

Sustinuit anima mea in verbo ejus : * speravit anima mea in Domino.

A custódiâ matutinâ usquè ad noctem, * speret Israel in Domino.

Quia apud Dominum misericordia, * et copiosa apud eum redemptio.

Et ipse redimet Israel, * ex omnibus iniquitatibus ejus.

Requiem æternam dona eis (ei), Domine : * et lux perpetua luceat eis (ei).

℣. A portà inferi,

℟. Erue, Domine, animam ejus.

℣. Requiescat in pace,

℟. Amen.

℣. Domine, exaudi orationem meam,

℟. Et clamor meus ad te veniat.

℣. Dominus vobiscum,

℟. Et cum spiritu tuo.

TABLE

PAR ORDRE ALPHABÉTIQUE

Chants liturgiques.

— LILLE, TYP. L. LEFORT. M DCCCLXV.

www.ingramcontent.com/pod-product-compliance
Lightning Source LLC
Chambersburg PA
CBHW072038090426
42733CB00032B/1950